给孩子的8堂

高效阅读课

郭亮◎著

机械工业出版社
CHINA MACHINE PRESS

本书为孩子提供了训练高效阅读能力的方法和技巧。通过专注力、眼动能力、视幅扩展能力、阅读节奏等训练改变阅读方式、提高阅读基础能力，辅以康奈尔笔记法、共振地图笔记法、视觉图像笔记法和思维导图笔记法等工具提升阅读效率，并且用横向思维主题阅读法和纵向思维迁移阅读法升级阅读思维。帮助孩子建立知识体系，养成终身阅读的习惯。

图书在版编目（CIP）数据

给孩子的 8 堂高效阅读课／郭亮著. —北京：机械
工业出版社，2019.12（2023.4 重印）
ISBN 978－7－111－64279－4

Ⅰ.①给…　Ⅱ.①郭…　Ⅲ.①读书方法　Ⅳ.①G792

中国版本图书馆 CIP 数据核字（2019）第 267090 号

机械工业出版社（北京市百万庄大街 22 号　邮政编码 100037）
策划编辑：刘春晨　　责任编辑：刘春晨　刘文蕾
版式设计：张文贵　　责任校对：孙丽萍
封面设计：吕凤英　　责任印制：李　昂
北京瑞禾彩色印刷有限公司印刷
2023 年 4 月第 1 版·第 4 次印刷
169mm×239mm·15.25 印张·269 千字
标准书号：ISBN 978－7－111－64279－4
定价：59.80 元

电话服务　　　　　　　　网络服务
客服电话：010-88361066　　机 工 官 网：www.cmpbook.com
　　　　　010-88379833　　机 工 官 博：weibo.com/cmp1952
　　　　　010-68326294　　金 书 网：www.golden-book.com
封底无防伪标均为盗版　　机工教育服务网：www.cmpedu.com

谨以此书，献给所有热爱阅读的人！

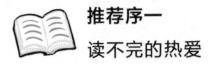

推荐序一
读不完的热爱

声音传递情感，文字悸动心灵，阅读是我们每个人一辈子的事。在"全民阅读"的大趋势下，高效阅读已然成为这个时代个人崛起、知识赋能的最便捷的方式。

每一个接受教育的人，从古至今，没有一个能脱离阅读。阅读的对象既可能是美好的，也可能是丑恶的；既可能是健康的，也可能是霉变的；既可能是高深的，也可能是肤浅的。但是无论如何，通过阅读，我们的心灵和外部世界、古圣先贤，和不同的知识维度产生了联系。这种联系，将雕刻出不同的"灵魂塑像"。

在互联网时代，知识与资讯在不断"井喷"，是否具备高效阅读能力决定了一个人获取信息量的多少。现阶段文字仍然是我们阅读内容中最重要的载体。其实，阅读不是机械地浏览文字，而是一种学习与思维能力的呈现。对于我们身边的孩子而言，阅读是积累知识、认知世界、开阔视野最主要的途径之一。

尽管阅读对于我们来说如此重要，但有时候我们打开书，分分钟就将内容"抛掷脑后"；阅读时，频频变成"瞌睡虫"；读完书后，脑空词穷不知书中所云。其实，这都是阅读不得要领所致。郭亮老师的《给孩子的 8 堂高效阅读课》一书，内容通俗易懂，文笔幽默风趣，娓娓道来。书中不仅通过具体的阅读技巧训练教会孩子如何拥有高效阅读的能力，同时还包含大量的学科实操应用，比如如何通过高效阅读进行课文预习，如何高效阅读记叙文、说明文、议论文，如何快速阅读一本书等，通过不同的学科阅读材料培养孩子的科学阅读习惯，综合提高孩子的学习效率。

学习高效阅读，我推荐郭亮老师的新书——《给孩子的 8 堂高效阅读课》，它是孩子终身的学习伴侣，同时也是孩子提升学习能力的重要一课。

开卷有益，生命不息，阅读不止。

姬广亮

世界记忆纪录保持者

畅销书《给孩子的 8 堂思维导图课》作者

推荐序二
激活大脑，高效阅读

阅读是人类获取知识、增长智慧的重要方式，是一个国家、一个民族精神发育、文明传承的重要途径。中华民族有着优良的读书传统，崇尚读书、诗书继世之风绵延数千年。

在新时代的今天，我们谈及阅读，首先要面对的一个问题就是"如何阅读"，更确切地说是"如何才能做到科学阅读和智慧阅读"。"全脑·全民阅读"最新阅读理念的提出，是全脑教育在"全民阅读"上的拓展应用和创新，旨在实现"全民阅读"的全脑化，从而提升全民的阅读效率、脑力智力水平以及知识资本转化为智力资本的能力，做到科学阅读、全脑阅读、智慧阅读。

郭亮老师作为十三五科研规划课题"全脑·全民阅读"总课题组成员，"全脑·全民阅读"思想的研究者、实践者和推动者，其新作《给孩子的8堂高效阅读课》，正是不断继承和发扬全民阅读的科研创新成果。

这本书给人的第一感觉就是，阅读的过程就是大脑潜能被激发的过程。因为阅读本就该是一件既快乐又享受的事，一本好书可以愉悦大脑，激活沉睡的脑细胞和神经网络，进而促进人们自身学习能力的提升。这也是"阅读全脑化"要实现的第一目的——适应于脑，科学用脑。全脑开发包括四个层面：认识脑、开发脑、保护脑和营养脑。这本书正是针对学龄期孩子大脑发育特点而量身定做的，为孩子的全脑化阅读打下牢固的基础。

另外，值得一提的是，此书推荐的阅读方案方法简单、易操作、实战性强。任何方法或技能传授类的书籍，好与不好最基础的衡量标准，就是要看读者阅读并实践之后的效果。此书除了提供了一套简单、易操作的方法系统外，更为读者精心设计了一套技能管理表格推进计划，让阅读和学习的过程变得步步为营，一步一个台阶，帮助读者在"爬楼梯"的过程中，把大目标分解为阶段性的成就，与书为伴，鼓励自己前行（大脑不断地暗示自己又进步了）。毕竟，在知识碎片化的今天，严格自律坚持阅读只是极少数人可以做到的。这种设计方式，刚好契合了当下人们学习的普遍特点，能够有效地保障成果的落地，使读者自信心不断增强。

最后，祝愿所有读者都能够领悟真髓，理论联系实际，实践创新，"科学阅读，智慧阅读"！

十三五科研规划"全脑·全民阅读"总课题组

负责人：姬广星

组　长：陈　静

 **自 序**

　　第一次接触高效阅读的课程后，我就开始了对提高阅读速度和阅读效率的研究，到现在已经 10 年有余。在这期间，我了解了各种阅读流派，阅读了大量有关阅读的书籍，也积累了很多教学与教研经验，《给孩子的 8 堂高效阅读课》就是在这个背景下写就的。

　　近年来，全民阅读的浪潮席卷中华大地，国家对于青少年的阅读也格外重视，从高考语文的改革到全国中小学语文教材的统一，都能看出"大语文时代"已经到来，而在这个"时代"中占据核心地位的便是阅读。

　　但现实问题是学生的学习压力过大，每天要应对做不完的作业、考不完的试题以及上不完的辅导班，留给他们自主阅读的时间越来越少，这就更加凸显出提高阅读速度的重要性。同时，通过提高阅读速度和效率也会让更多的孩子喜欢上阅读，对读书充满兴趣。

　　本书从提高阅读速度和阅读效率的角度出发，通过以下 8 个方面帮助孩子提升阅读能力。

　　1. 了解自己的阅读能力。分析影响阅读速度和阅读效率的原因，让孩子更加了解自己的阅读水平。

　　2. 掌握高效阅读的必备要素。详解提高阅读效率必备的要素有哪些，以及哪些学习能力会对阅读效率有所影响。

3．明确高效阅读前的准备。重点阐述环境对阅读会产生什么影响，如何选择合适的书籍，阅读前需要做哪些准备工作等问题，从不同的角度帮助孩子更加高效地阅读。

4．强化阅读的基础能力。通过一些针对性较强的基础训练帮助孩子增强高效阅读的基础能力。

5．提供有效提升阅读效率的工具。为孩子提供四种简单实用、便捷高效的笔记工具，帮助他们有效提高阅读后的理解率和记忆率。

6．在学科中应用高效的阅读方法。从如何提取文章中的关键词到如何阅读不同的文体，从如何使用高效阅读进行语文预习到如何快速阅读完一整本书，让孩子将高效阅读的技巧充分应用到学科学习中。

7．升级阅读技巧和理念。让孩子具有更高维度的阅读思维，比如横向的主题阅读、纵向的迁移阅读等。

8．进行高效阅读的系统训练。通过系统的训练计划，让孩子在专业的指导下进行阅读训练，养成良好的阅读习惯。

《给孩子的8堂高效阅读课》是我独立完成的第一本书，在这个过程中我得到了很多人的支持和帮助，其中我的师父姬广星老师、好友姬广亮老师为本书作序推荐，机械工业出版社的编辑为本书提出修改建议，我的领导、同事、家人和朋友们也给了我很多肯定和鼓励，在这里一并表示感谢！

最后，希望这本书能够真正帮助到你，帮助到每一位热爱阅读的人！

郭亮

目 录

第一章
了解自己的阅读能力

第二章
高效阅读的必备要素和能力

第一章

- - - - - - - - - -

了解自己的阅读能力

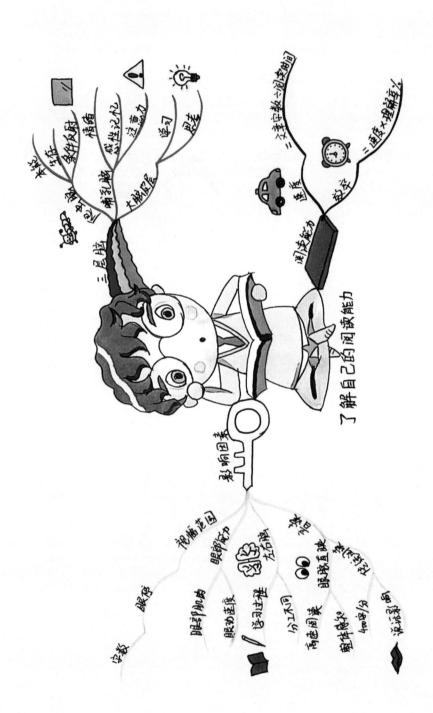

你的大脑爱阅读吗

说到阅读，很多人都会有类似这样的体验：

1. 别人可以在书桌前安静地看书一整天，好像跟世界隔绝了一样，而自己刚把书翻开，就有"度日如年"的感觉；

2. 别人可以轻松地获取书中的信息和知识，而自己却很难读懂一本书；

3. 别人可以在车上、餐桌前、厕所里看书，而自己在哪儿都不想看书；

4. 别人一看书就忘记喝水、吃饭、上厕所，而自己一看书就想睡觉、吃东西，想各种好玩儿的。

也许上面说得有点夸张，你可能会说："我才不是那样的，我还是挺爱看书的，很享受书中那淡淡的油墨味，也沉浸于那字里行间的意境，非常享受阅读时的体验。"如果真的是这样，你已经是一位非常出色的阅读者了。

实际上，大多数人还是不爱阅读、不善阅读的，接下来我们就从大脑的角度来分析一下，到底是什么原因导致我们对阅读提不起兴趣。

三层脑理论

美国神经生理学家麦克林博士提出"三层脑理论"，他指出人类大脑从开始发育到基本发育成熟大概要经过三个阶段，或者说一共有三层大脑（如图 1－1）。

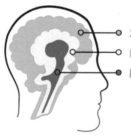

大脑皮层：即理性脑，主管学习思考、智力活动等

哺乳脑：即感性脑，主管情绪、感性记忆和注意力等

爬虫脑：即本能脑，主管基本生存功能，条件反射等

图 1－1

原始的爬虫脑

第一层被称为爬虫脑（也叫作原始脑或本能脑），主要负责人类的本能和基本的生理功能，比如身体发育、新陈代谢、生命维持等。还会负责一些条件反射，比如，婴儿刚刚出生的时候，就知道饿了会哭，渴了会哭，身体不舒服了也会哭。

爬虫脑是不具备思考或者学习能力的，它是大脑中预先设置的调节器，主要控制一些固定的行为，确保身体能够维持生存所必需的动作与反应，属于无条件执行人类意志的脑。

感性的哺乳脑

第二层被称为哺乳脑（也叫作旧脑或感性脑），哺乳脑包围并覆盖着爬虫脑。大脑发育到这层，就开始有了"人"的感觉。哺乳脑是情绪和自主神经系统的掌控中枢，主要掌管情绪（高兴、愤怒、喜悦、悲伤、恐惧等）、感性记忆（以情感主导的记忆）与注意力，控制人的正向（回馈性）和负向（惩罚性）行为。

理性的大脑皮层

第三层是最上层的大脑皮层（也叫作新脑或理性脑），这部分就是我们通常所说的大脑。大脑皮层分为左脑和右脑，是掌管人类一切心智、行为的思考中枢。它主管着语言表达、文字写作、计划推理、学习适应、抽象思考等功能，主要负责①收集及处理感官接收的讯息，进行神经认知分析；②对肌肉运动进行控制；③分析与解决问题、使用语言与数字、生成理性记忆和思维记忆、发展复杂推理思维智力的能力及创造能力；④生成有意识的思想活动、形成非语言性的意念和控制、对"观念、艺术、符号、想象"产生感觉等，也是整个大脑内最后做分析、规划、整合、协调、决策判断与发号施令最重要的指挥所。

我们在阅读过程中遇到的"障碍"和"问题",都可以用"三层脑"理论来进行解释。

比如,当我们在看书时,觉得饿了或是渴了,以往可能会觉得是自己读书不够投入,但也许并不是这样的,其实就是肚子饿了或者口渴了,然后爬虫脑给我们发出了相应的刺激信号,我们接收到了而已。

再比如,当我们在看书时,突然听到一些声音在说"这本书好无聊""看书真没意思""还是出去玩吧",这只不过是我们的哺乳脑在起作用,它在传达身体真实的需求而已,所以不必过分紧张。

大脑是我们阅读的工具

阅读活动是由大脑主管的,所有我们表现出来的对书的态度,都是大脑最真实的反应。那么请大家仔细思考一下,我们平时的阅读方式和阅读习惯是否能够让大脑接受呢?我们在阅读时,大脑的体验感好不好呢?

道理很简单,如果我们把大脑比作工具,那么阅读就是在使用这个工具去达成我们的目的。打个比方,当我们需要在墙上钉一个钉子时,我们会去找一把锤子,没有人会拿一个螺丝刀去钉钉子,因为工具用错了。

所以,如果发现自己不善于阅读,就一定要改变阅读方式,通过改变去配合我们的大脑,也就是用大脑喜欢的、习惯的、符合大脑工作模式的方法去阅读,这样我们自然就会爱上阅读。

　　我在孩子 1 岁左右时，就开始给他买一些书来看，那时候主要是"布书"和可以触摸的"感统训练"的书。这样做当然不是为了让孩子理解书中的内容，最主要的目的是让他对书有初步的认识，习惯"翻书"这个动作，让他的大脑，尤其是"哺乳脑"，接受"阅读"的过程。随着他慢慢长大，我开始给他买一些纸质书籍。他现在 3 岁，已经有几十本书了，大多是认知数字、形状、颜色和字母的书，还有一些"找物品"的书。我慢慢发现，他真的喜欢上了看书，甚至很多次早晨刚刚起床，就说"书，书"，主动要求看书，这得益于他从很小的时候就开始翻书、看书。在他看书的过程中，我和他的妈妈一直陪伴他，跟他一起看书，有时候我们还会根据书中的内容发散去做一些游戏，讲一些其他好玩儿的内容。就这样，孩子慢慢喜欢上看书了。

了解自己的阅读速度和阅读效率

　　我相信读这本书的同学一定都意识到了阅读的重要性，而且想要提升自己的阅读能力。那么，首先我们要做的是了解自己当下的阅读能力，最主要的是了解一下自己当下的阅读速度和阅读效率。

阅读速度和阅读效率测试

　　在正式进行阅读测试之前，先来看一下检验阅读速度和阅读效率的规则：

1. 按照自己现在的阅读方式和习惯进行阅读；
2. 检测前请准备好秒表或其他计时器；

3. 整篇文章可以看多次直到自己认为看懂为止；

4. 阅读完毕后停止计时并开始答题，在答题过程中禁止再看文章；

5. 答题完毕后，计算阅读速度和阅读效率；

6. 将自己的阅读速度和阅读效率记录下来。

了解清楚规则之后，请各位做好准备，开始进行测试吧。请记住，这次测试只是为了让大家了解一下自己当下真实的阅读水平，所以平时怎么阅读，现在也怎么阅读就可以了。

为什么天空中的云有各种不同的颜色？（字数：748 字）

我们学了《火烧云》，知道了天上有各种不同颜色的云，有的洁白如絮，有的乌黑一片，有的灰蒙蒙，有的发出红色或紫色的光彩。这不同颜色的云究竟是谁描绘出来的呢？

不用我回答，你也知道它们是出自大自然的手笔。

各种云体的厚薄相差很大，厚的可达七八千米，薄的只有几十米。有满布全天的层状云，孤立散处的积状云，以及波状云等许多种。很厚的层状云，或者雷雨时拥塞天空的积雨云，太阳和月亮的光线很难透射过来，云体看起来很黑；稍微薄一点的层状云和波状云，看起来就是灰色的，特别是波状云，云块边缘部分色彩更为灰白；而很薄的云，光线容易透过，特别是由冰晶组成的薄云，云丝在阳光下显得特别明亮，带有丝状光泽。天上即使有这种层状云，地面的物体在太阳和月亮光下仍然会映出影子。有时这种冰晶组成的云层薄得几乎看不出来，但只要发现在日月附近有一个或几个大光环，仍然可以断定有云，这种云叫作"薄幕卷层云"。

孤立散处的积状云，由于云体比较厚实，它向阳的一面，光线几乎全部反射出来，因而看起来是白色的；而背光的一面以及它的底部，光线就不容易透射过来，看起来比较灰黑。

太阳的白色光实际是由红、橙、黄、绿、蓝、靛、紫等一系列有颜色的光波组成的。这些颜色的光的波长不一样，红色光波最长，橙色光波其次，紫色光波最短。空气中的分子和空气里飘浮着无数细小的灰尘和水滴，都能够把太阳的各色光线分散开来，这叫作散射作用。太阳光中的光波波长越短，像紫色、蓝色光，就越容易被散射开来；波长越长，像红色、橙色光，就越不容易散射。早晨或傍晚，太阳光是斜射的，它通过空气层的路程比较长，受到散射就减弱得很厉害。减弱得最多的是紫色光，减弱得最少的是红色或橙色光。这些减弱后的彩色阳光，照射在天空中、云层上，就形成了鲜艳夺目的彩霞。

阅读时间：_____分钟

如果确定已经读完这篇文章，就请按下计时器，记录下自己的阅读时间，并且保证在答题的过程中不再看文章，然后完成下面的问题。

1.《火烧云》中描写的是云，下面哪项不是文章中描写的颜色（　　）。

　　a. 红色或紫色的光彩　　　　　　b. 火红如火

c．乌黑一片　　　　　　　　　　d．洁白如絮

2．各种云体的厚薄相差很大，厚的可达（　　　），薄的只有（　　　）。

a．三四千米，一百多米　　　　b．七八千米，一百多米

c．五六千米，几十米　　　　　d．七八千米，几十米

3．以下哪种云层在文章中没有描述？（　　　）

a．层状云　　　　b．蘑菇云　　　　c．积雨云　　　　d．波状云

4．哪种云边缘部分色彩为灰白色？（　　　）

a．波状云　　　　b．层状云　　　　c．蘑菇云　　　　d．积雨云

5．由（　　　）组成的薄云，云丝在阳光下显得特别明亮，带有丝状光泽。

a．水蒸气　　　　b．灰尘　　　　c．冰晶　　　　d．水晶

6．积状云背光的一面，光线不易透过，所以看起来是（　　　）的。

a．灰色　　　　b．灰黑　　　　c．灰白　　　　d．白色

7．太阳的白色光实际是由（　　　）种颜色的光波组成的。

a．五　　　　b．六　　　　c．七　　　　d．八

8．太阳光的光波中波长最短的是＿＿＿＿。

a．橙色　　　　b．红色　　　　c．紫色　　　　d．黄色

9．空气中的分子和空气里飘浮着的无数细小的灰尘和水滴，都能够把太阳的各色光线分散开来，这叫作（　　　）作用。

a．折射　　　　b．散射　　　　c．反射　　　　d．直射

10．太阳光斜射时，光波减弱得最少的是（　　　）光。

a．紫色　　　　b．蓝色　　　　c．红色　　　　d．黄色

参考答案：b d b d c　b c c b c

计算阅读速度和阅读效率的方法：阅读速度＝文章字数÷阅读时间，阅读效率＝阅读速度×理解率（％），理解率＝（正确题数÷总题数）×100％

比如，一篇文章1500字，阅读所用的时间是75秒，答题的分数是80分，那么，阅读速度＝1500字÷（75秒÷60）＝1200字/分，阅读效率＝1200字/分×80％＝960字/分。

现在大家可以计算一下自己的阅读速度和阅读效率，对自己的阅读水平有一个初步的了解，然后在接下来的训练和学习中就会知道自己是否有进步以及进步的幅度。

我的阅读速度：748字÷（　　　　）分＝（　　　　）字/分

我的阅读效率：（　　　　）字/分×（　　　　）理解率＝（　　　　）字/分

影响阅读速度和效率的因素

根据以往的数据统计，大多数未经训练的同学，阅读速度大致在400字/分钟左右，实际上这个阅读速度远远不能满足我们现在的阅读需求。那么，到底是什么原因导致阅读速度慢呢？我认为主要有以下四个原因。

1. 音读占据主导地位

什么是音读呢？从字面意思来理解，就是带有声音的朗读。比较常见的情景是在上语文课时，老师会让大家集体朗读课文，要读出声音，还要整齐划一。当然，朗读课文对我们的专注力、理解能力，甚至记忆力都会有不错的帮助。但是，也正是因为这样的要求，容易让我们养成一个习惯，那就是无论在看哪种文字类的信息时都会去读。有的时候音读并不是像读课文一样读出声音，而是在心里默读，就好像在读给自己听一样。大家可以回忆一下，自己在阅读时是不是会出现这样的情况呢？

为什么这种情况会影响我们的阅读速度呢？因为我们每个人说话的速度是有一个范围的，大多数人 1 分钟说 300 字左右，语速稍微快一点的人能够说 400～500 字，更快一点的，像"中国好舌头"华少，1 分钟大概能够达到 800 字左右。所以，我们可以得出一个结论，在阅读时只要音读占据主导地位，阅读速度就一定会受到限制。

说到这里，有的同学可能会有一个疑问，如果不一个字一个字地读出声音，是否会影响我们对文字的理解呢？先举个例子，一幅画上有山、有水、有动物，当我们的眼睛在看、大脑在解析的时候，不需要对自己说："嗯，这是一座山，山上面有绿树。哦！山脚下这个长长的、蓝色的是河流。咦？在河流的旁边有一个四只爪子的、毛茸茸的动物，这个动物是一只老虎……"赏画的过程是不需要"读"一遍的，我们的大脑会整体接收画里的信息，然后再一部分一部分地进行分解赏析。

回到阅读中来，我们所说的传统的阅读过程，是经过视觉中枢，然后在大脑中读给自己听。在"读"的时候，需要先经过语言中枢，然后经过听觉中枢，也就是听到声音，最后再进行理解和记忆。这个过程其实是比较复杂的，中间的两个环节也是不必要的，因为我们只是希望眼睛看到的内容，能在大脑中快速记忆和理解，不需要读，也不需要听。这就是全脑速读最基本的理念——眼脑直映阅读法，就是把眼睛看到的文字信息当作图像，当作一个整体，传送到大脑中去做整体的感知、理解和记忆。

2. 左右脑不平衡

第二个影响阅读速度的因素是左右脑不平衡。如前文所讲，人类的大脑皮层分为左脑和右脑两个半脑。这两个半脑的主要功能是不同的，左脑主要负责语言、文字、逻辑、线性思维，又被称为语言脑或者逻辑脑；右脑主要负责声音、图像、想象、创造、发散思维，又被称为图像脑或者想象脑。将左右脑连接在一起的部分叫作胼胝体。左脑和右脑之间如果想要配合得更好，胼胝体传输信息的速度就要更快一些，就像两个半脑之间的高速公路一样。

那么，是什么原因造成了左右脑不平衡呢？主要原因有两个：

第一个原因是大脑的发育是不可逆的。总体来说，在6岁以前，我们的阅读、记忆和思维，主要是以右脑图像化的方式为主，随着语言系统的逐渐完善，左脑的功能逐渐发挥主要作用，也就是线性思维、逻辑思维开始占据主导地位，记忆也慢慢从图像化的记忆转变为逻辑和理解性的记忆。

第二个原因是我们的学习过程对大脑的影响。学校里学习的科目和内容遵循了大脑的自然发展规律，小学阶段学习的主要科目有数学、英语、语文，到初高中才有物理、化学等。然而这些科目都更加注重逻辑思维、线性思维，在这种情况下，我们就比较容易忽视右脑的图像化记忆和理解的功能，长此以往，大多数人都是以左脑思维为主，进而造成了左右脑不平衡的状态。就好像我们放弃了两条腿走路，而用一条腿蹦蹦跳跳地前进一样，虽然在前进，但是速度很慢，而且容易摔倒。

阅读是学习知识最重要的一种方式，但如果左脑和右脑之间相互配合的能力不足、效率低，就会导致我们在阅读时总是以线性思维进行理解。比如，我们在阅读时总是会一个字一个字、一个词一个词地阅读，再去理解，然后再消化一整句话；对于整篇文章也是一样，一句一句理解，然后再理解整篇文章。这样的阅读不仅效率比较低，而且在理解过程中很容易会出现偏差。所以有时候一篇文章读到最后才发现，原来之前理解的是错的。

我们希望学习的阅读方式是对文章进行整体理解和整体感知，这时候就需要用到右脑的功能，使用图像化的理解记忆策略，在后面的章节里会着重分享这部分内容。

3. 眼部基础能力弱

短跑运动员跑起来像飞一样，为什么我们跑起来没有那么快呢？有的同学可能会说，人和人是不一样的，身体结构不同，肌肉密度也不同。没错！就是身体的基础不一样，肌肉力量和爆发力不同。

在奥运会上有一个项目是"飞碟射击"，这个项目需要参赛选手在飞碟飞出的一瞬间，用眼睛迅速捕捉到飞碟，然后抬枪命中，整个过程对眼睛的灵活度和肌肉力量的要求非常高。阅读也是一样，阅读速度不够快的原因就是眼睛的灵活度和眼部肌肉的力量不足。

我们平时在阅读时经常会出现这样的情况：多看一会儿书，就会觉得眼睛疲劳，有时还会觉得酸痛，甚至有的人看书久了还会流眼泪。其实原因很简单，就是眼部肌肉缺乏有效的锻炼。我们可以想一想，如果我们的身体缺乏锻炼，突然一次健身或者跑步之后，四肢就会很酸疼，但是如果坚持锻炼一段时间之后，这种感觉就会越来越少。

阅读也是一样，看书的时候，眼睛冲在第一线，是最辛苦的，而且眼睛要一直保持"停""动""停""动"的运动状态（如图1-2），如果缺乏锻炼，就会酸痛。下面教大家一个可以在平时就做的练习。

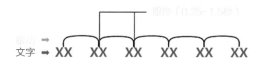

在阅读过程中，眼动和眼停交替进行，也就是说，眼动越快，阅读速度越快。

图1-2

首先，两只手做点赞的手势，放在身体前，手臂伸直，比肩略宽一点。接下来，头不要动，让眼睛在两个大拇指之间左右移动，过程中一定要注意保证头不能动。这个训练平时可以多做一做，对眼睛是有好处的。当然不仅可以左右做，还可以上下做、斜着做。

4. 视幅范围狭小

上文我们分享了，在阅读时眼球并不是连续不断地移动，而是做不均匀的、忽动忽停的跳动。这种快速的眼球运动叫作"眼跳"。在迅速的跳动中间，存在着时间稍长的停顿，这种停顿在阅读上称作"眼停"，也叫作"注视"。这些现象，法国眼科专家儒伐尔在 1906 年以前就已经注意到了。

由于纸上的文字是静止的，所以，在看书时，眼睛也必须保持相对静止。但是，看书要连续看许多文字符号，眼睛又不能不动，这显然是个尖锐的矛盾。只有按照动、静的顺序合理安排眼睛的动作，才能解决这个矛盾。为了看清楚一个文字或一个词组，眼睛必须静止；而后又必须迅速转移，以便看清楚下一个文字或词组，看时又要静止。如此循环往复。因此，眼睛必须接受一定的训练，动静结合，有效地运动。

我们可以想象一下，眼睛在"注视"时，是不是每次抓取的信息越少，阅读速度就越慢呢？没错，就是这个概念，这一点在高效阅读中被称为"视幅范围狭小"，就是说大多数人在看书的时候，每次"注视"抓取的信息是比较少的。有关汉字阅读的研究还表明，在阅读时，每次眼停最多可见 6~7 个字，最少不到一个字，因为有时一个字要经过 2~3 次注视才能感知。

我们计算一下，比如一篇 1000 字的文章，如果一眼能看 4 个字，按照一个平均值来算，需要看 250 眼才能看完一遍。如果我们将视幅范围提高到一眼看 8 个字，只需要 125 眼就能看完，这样阅读速度就提高了一倍。

这是理想化的一种推算和状态，从科学的角度能否证明呢？

实验结果表明，在 0.1 秒时间内，成人一般能够感知 6~8 个黑色圆点（如图 1-3）或 4~6 个彼此不相联系的外文字母，也就是说，一分钟可以平均感知到 4200 个点。如果把一个点看作一个字，那么，一分钟就可以平均看 4200 个字。这是未经过训练者的能力。

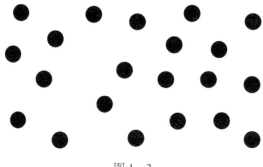

图 1 - 3

美国空军心理学家和战术教育专家用速视仪进行的训练证明，经过训练的普通人可以在 1/500 秒的时间辨认 4 个英文字母，那么，一分钟即可辨认 120000 个英文字母。根据统计，英文单词的平均字母数为 6 个，也就是说，经过训练的人可以在一分钟内辨认 20000 个英文单词。

所以，对于想要高效阅读的人来说，扩大视幅范围要比加快眼球运动速度更为重要，如果这两个方面经过正确的训练，同时提高，就可以达到事半功倍的效果。

第二章

高效阅读的必备要素和能力

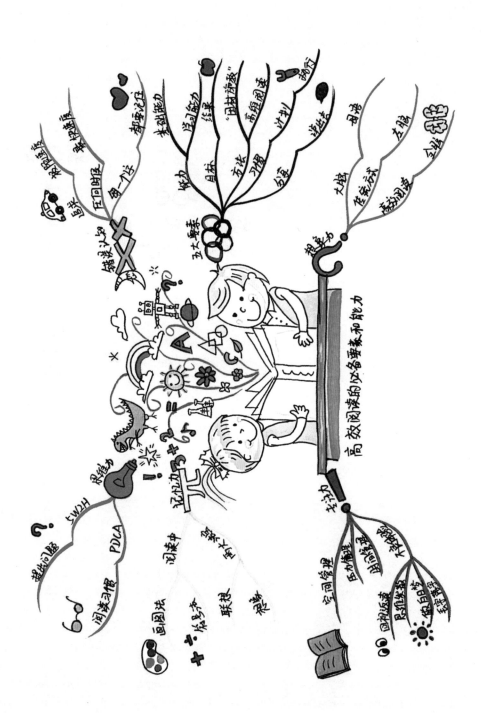

高效阅读必备的五大要素

什么是高效阅读

高效阅读是在专注力高度集中的状态下，在不降低理解率的前提下，让眼睛以行、块，甚至是页为单位进行的高效率阅读。由此可见，高效阅读不能简单地理解为快速阅读，更不等同于略读，或者是泛泛的浏览，而是一种高理解率的阅读方式，需要通过一系列的训练，提升眼部能力，提升思维速度，进而提升阅读速度，然后辅助一些关键词的提取技巧，以及不同的阅读策略、记忆方法等来保障阅读理解率的提升。

对高效阅读的错误认识

错误认识 1：只有 5 分钟看完一本书才叫作高效阅读。

之前我们说到，大多数正常人的阅读速度在 300 字/分钟左右，稍微快一点的人能够达到 400 ~ 500 字/分钟，经过一段时间训练的人能够达到 800 字/分钟。目前，速读的世界纪录为 25000 字/分钟。

许多人在学习高效阅读时会产生一个错误观念，希望自己能够像速读参赛选手一样，可以每分钟看几万字，或者 5 分钟看完一本书，觉得只有这样才是真正学好了高效阅读。这其实是一个非常有意思的心态，我们可以试着想一想，很多人学习游泳是为了健康，练习跑步也是为了健康，除了专业的运动员，没有几个人一开始学习游泳、练习跑步就是为了夺得冠军。但是我们在练习阅读的时候却一味地追求阅读速度，希望把阅读速度提高到每分钟几万字，却忘了追求更高的阅读效率才是我们学习速读的真正目的。

所以我们提倡的高效阅读是在不降低理解率的前提下提高阅读速度，只有当速度和效率达到一个平衡点时，才是真正高效率的阅读。

错误认识 2：任何时候都要用自己最快的速度来阅读。

在高效阅读中，我们特别强调的一点是，不同的阅读材料、不同的阅读需求和阅读目的，要用到不同的阅读速度和策略，所以绝对不能在任何时候都要求用最快的速度阅读。真正的阅读高手会配合阅读目的和内容，灵活地调整阅读速度。在看一本书时，能够依照内容的难易程度加快或放慢速度才是最重要的能力。

错误认识 3：无论何时，书里面的每一个字都不能遗漏。

有些人认为阅读就一定要逐字逐句地进行，书中的每一个字都要看，这是不科学的，也是低效率的。有一个法则叫作二八法则，是由意大利学者帕累托提出的，他认为无论在自然界，还是在人类社会生活中，投入与产出、付出与回报之间往往都是不平衡的，而且占少数的往往能够造成主要的影响。

这个法则在阅读中也同样适用。书中真正表达核心概念的文字往往只占20%，另外80%的文字都是用来辅助说明核心概念的。因此，在阅读时，不必把每一个字都读到，而应该用80%的时间来阅读20%的重点内容。所以，懂得筛选出重要的关键字或关键词，并且加以吸收，才是高效阅读的方法和要领。

在给自己制订阅读目标时，也不必要求一定要过目不忘，或者一定要让阅读效率达到100%，而应当先降低标准，然后慢慢提高目标，这样才有助于获得坚持下去的动力。

接下来我们就谈谈高效阅读需要具备的五大要素是什么，也就是说，如果我们想要达到高效率的阅读，有哪些能力或者技巧是必不可少的。

阅读能力

首先是阅读能力，从基本训练的角度来说，可以理解为眼睛的基本能力，包括眼睛的灵活度、眼部肌肉能力、视幅范围等，是保障看得快的基础。就好像跑步一样，耐力和速度是保证跑得快或者跑得久的身体基础素质。

从学习和理解的角度来说，还包括思维能力、记忆能力和理解能力等，如何通过具体的方法去提高这几种能力，在后面的章节里会逐一地分析，并且带领大家练习。

阅读目标

从最简单的层面来理解，目标就是在阅读之前，要问自己一系列的问题：为什么要看书？为什么要看这本书？想要从书里了解什么内容？想要获取什么知识？这些"为什么"都是需要我们在每一次看书之前想清楚的，如果没有问这些问题，在看书时就会经常出现走神，甚至是放弃阅读的情况。

　　是否确定阅读目标，其实就是主动阅读和被动阅读的区别。在被动阅读时，大脑常常会进入一种停滞的状态，甚至大脑可能已经开始准备"睡眠"了；而主动阅读时，大脑的神经连接最为紧密，大脑的运行也更加充分，更加兴奋。通过图 2 - 1，大家能够非常清楚地看到有目标和没有目标时大脑运行状态的区别。

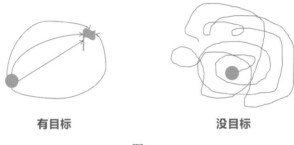

有目标　　　　　　　　　**没目标**

图 2 - 1

　　图 2 - 1 左图表示的是有目标的状态。虽然还是有可能走一些弯路，但是因为有了目标，前进就有了方向，最重要的是大方向是不会错的。从阅读本身来说，在阅读前想好目的，知道自己想从一本书中获得什么信息，就一定能够从书中获取到想要的内容；从知识获取的角度来说，有清晰的目标有助于阅读效率的提升。

　　图 2 - 1 右图表示的是没有目标的状态。我们能看到，在出发之后都不知道该往哪里走，一直在围绕着中心点转圈圈，根本没有方向性可言。如果拿出一本书，不由分说，想都不想就翻看里面的内容，看过之后，可能还是会觉得迷迷糊糊的，好像看了很多，但是不知道自己学了多少，理解了多少。

这就是有目标和没有目标的区别。举一个我自己的例子，有一天早晨我花了 30 分钟就看完了一本书，名字叫作《油漆式速读术》。这本书大概有 12 万字左右，可以算一下，我的阅读速度大概在 4000 字/分钟。实际上我的阅读速度和效率并没有这么高，能在短时间内看完并且消化了大部分的内容，仅仅是因为我在读这本书时带着非常强烈的目标，就是想要了解这本书中讲到的速读技术跟我的方法有何区别，有哪些地方是我能够学习的，所以速度会加快很多，理解效率也会提高很多。

根据我的阅读体验来看，建议大家将阅读目标设置成非常简单又能够起到决定性作用的目标。尤其是在前期训练的时候，可以在阅读每一本书时建立 1～2 个目标，不要心急，不要一下子给自己设定 N 个目标，重要的是让自己先找到这种有目的阅读的感觉，然后再慢慢增加目标。还有一点就是不要好高骛远，比如要求自己一定要把一本书完全吃透，这种目标太难实现了，而且对单次的阅读没有帮助，只会给自己带来负担，让"哺乳脑"产生负面情绪而已。

在学习过程中也是一样，很多同学会给自己设定目标，但是经常会出现目标没完成，或者坚持不下去的情况，其实并不一定是意志力的问题，只不过是目标定得太高了，不切实际而已。如果一个考全班倒数第一的同学，给自己设定下次要考全班正数第一的目标，显然是很难实现的。所以设立目标要按部就班，符合实际情况才好。

 阅读百宝箱

使用规则：在每次阅读一本书（一篇文章）之前，通过填写表2-1的问题来确定自己的阅读目标。

表 2-1　确定阅读目标

书名：	日期：
1. 为什么要阅读这本书？	
2. 想要从这本书中获取什么？	
3. 准备花多长时间阅读（或者阅读多少页）？	

阅读方法

在阅读方法上，我们需要了解的是，不同的阅读内容要采用不同的阅读技巧和策略，而且有时也要根据不同的阅读需求采用不同的阅读技巧和阅读节奏。就像我们都知道的"因材施教"，放到阅读上也是相同的道理，一定要根据不同的材料、不同的文章、不同的书籍采用不同的阅读方式。跟音乐一样，不同的书也有不同的节奏。举个例子，当我们拿出《新华字典》，或者《牛津英汉词典》之类的书时，没有人会从第一页读到最后一页，因为这属于工具书，需要用到哪部分内容，直接查找就可以了。

尤其是成年人，在职场中也需要读很多书来武装自己，提高工作效率。其实这里面有大量的书是可以变成工具书的，不需要认认真真地从第一页读到最后一页，只需要对整本书有大概的了解，工作时随取随用。

前面讲的是针对不同的文体和需求，选择不同的阅读方式，在后面的章节中，也会针对同学们的实际情况，专门分析如何阅读记叙文、议论文，怎样提高不同文体的阅读效率。

除了针对不同材料选择不同的方法之外，阅读方法还涉及更高维度的阅读策略，比如横向的主题阅读，是一种可以让我们快速积累某一领域内大量知识的阅读方法；纵向的迁移阅读，会像一条绳索一样，从一本书迁移到与之相关的其他内容上。这样的阅读策略会帮助我们建立自己的知识体系，锻炼大脑，让大脑真正以网络的联想方式进行工作和学习。

阅读习惯

很多人都有这样的体验，书读得越多，阅读速度就越快，知识掌握得也越多，阅读效率也越高。也就是说，想要提高阅读效率，坚持大量读书是必要的。天下任何事没有一步登天、一蹴而就的，阅读也是一样，需要长期阅读，大量阅读，并且养成正确的阅读习惯。

那么如何养成正确的阅读习惯呢？最重要的就是要给自己制订一个高效阅读的计划，然后每天按照计划去执行。

第一步，找一本自己喜欢的书，在自由的时间，舒服的地方，以一种放松的心态去阅读。为什么呢？很简单，取悦自己的大脑，让大脑开始喜欢阅读这件事，一定要尽可能地取悦它。我们在前面讲过，大脑是阅读的工具，最重要的是让工具的使用效率提高。

第二步，制订一个简单的计划，那种稍微努努力就能够完成的，千万不要好高骛远。很多人会被一些励志名言、鸡汤文字刺激，然后振作精神，马上转变自己的思维，下决心要改变自己，心比天高地制订了一些计划，比如安排自己每天读书 1 小时，每天健身 1 小时，每天 6 点起床等，但结果却不尽如人意。有热情，有动力，也制订了计划，为什么会坚持不下去呢？这里推荐给大家一本书——《刻意练习》，在这本书里面就有关于这部分内容的分享。我们平时特别容易对一件新鲜的事情产生好奇心和强烈的兴趣，然后顺从这个兴趣制订一些计划，但是等过一段时间，这个热度过去之后，就会产生惰性，动力不足，从而半途而废。那么，如何在热情期建立长久的内在动力呢？这本书给了我们一些方法，养成良好的学习和训练习惯是有几个步骤的。

第一，具有明确的、特定的目标。我的理解是目标要明确，最好能够量化，比如给自己定一个每天阅读 10 分钟的目标，这就是明确的目标。

第二，要非常专注。这里的专注不是说做这件事情就是专注，而是要达到一种全神贯注的状态，要把所有精力都放到训练上来，而且要时刻思考，大脑处于时刻在线的状态。

第三，要有反馈。就是每次训练之后要总结这次训练的情况，比如每次阅读完要有阅读总结，想想自己收获了什么。

第四，要走出舒适区。就是每次都要比上次突破一点，比如每次比上一次多阅读 1 页，多写出 100 字的心得体会，这样不断地去突破自己的舒适区，最后形成一个闭环。

就阅读来说，开始的时候可以制订一个容易完成的计划，每天阅读10 分钟或者 15 分钟，并且一定要阅读自己喜欢的书。随着习惯慢慢养成，韧性就会越来越强，规律性也越来越强。这个小的习惯会成为我们内心的锚点，一段时间之后，可以通过这个锚点，制订新的目标，比如每天阅读 20 分钟、30 分钟等，这样才会有机会养成长期的习惯。

第三步，给自己奖励。我自己的习惯是，每当我坚持完成一件事情后，会给自己一些奖励，比如给自己买一直想要的礼物，给自己放一天假，完全放松地玩游戏等。注意，奖励一定要是自己一直期待的，自己给自己的。

但是千万别这样跟自己说："嗯，每天读书 10 分钟，我已经坚持了两天，好辛苦啊，一定要给自己一个大大的奖励。"这样就会把自己的奖励变得太廉价，从而没有实际意义了。

 阅读百宝箱

使用规则：（1）首先选出 4 本近期最喜欢、最想读的书；（2）将 1 个月分为 4 个阶段，确定每个阶段中每天的阅读时长；（3）确定每次阅读之后想要写多少字的心得体会；（4）确定每个阶段的阅读计划完成之后给自己什么样的奖励。见表 2-2。

表 2-2　制订 1 个月的阅读计划

近期最喜欢的 4 本书：

	每天的阅读时长	每次的阅读心得	每阶段的奖励
第一阶段			
第二阶段			
第三阶段			
第四阶段			

阅读分享

最后一步，也是非常重要的一步，分享。很多人说："我看完记不住啊！"那建议大家思考一个问题，平时看完书之后都做什么呢？是不是在享受阅读的内容呢？

大家有没有这样的习惯，看完一本书之后马上找人分享刚才看了什么书，书里面讲了什么内容，有哪些觉得特别好玩儿的地方。可能很少人有这样的习惯，但是大多数人应该会有这样的体验，给别人讲过一遍的内容，记忆往往会非常深刻。因为说出来会强化记忆，并且在说的过程中会重新梳理内容和结构，在组织成自己语言的过程中会对内容理解得更加透彻，所以建议大家看完一本书或者一小段文字之后，马上找个人去分享一遍。

想象力改变阅读方式

想象力是大脑最基础的能力之一，也是大脑的"母语"。比如，当我们听到"苹果"这个词语的时候，大脑中首先呈现出来的是苹果的形象，有可能是一个红色的苹果，也可能是绿色的苹果、黄色的苹果，总之，不会出现"苹果"这两个大字。

传统的阅读方式

在传统的阅读过程中，之所以会出现一看书就昏昏欲睡的情况，往往是因为我们的阅读方式让大脑觉得太无聊了，完全兴奋不起来。

传统的阅读方式通常是线性的、逐字逐句的阅读。比如，当看到"南京市长江大桥欢迎你"这样一句话的时候，我们正常的阅读节奏是南京市/长江大桥/欢迎你，然后再整体去消化理解，大脑的工作节奏是缓慢的。同样是这句话，如果在阅读完之后，在大脑中用一幅桥的画面呈现出来，理解率和记忆效率就会大幅度提高。

眼脑直映的阅读

在前文中，我们提到音读会影响阅读速度，如果想摒弃音读，就要把眼睛看到的文字信息传递到大脑中，由大脑进行统一的信息处理，这个处理过程就是图像化理解的过程，也就是眼脑直映的阅读方式。

如何提高想象力

很多时候，我会给自己贴一个标签：我是一个理科男，我是左脑型思维的人，我是逻辑大神等，还经常会跟自己说，"我的想象力很差"。但事实上，通过这么多年的学习和训练，我发现想象力不是一种固定的能力，而是一种可以被训练、被提高的能力。

要提高想象力，首先，要积累丰富的信息储备和生活经验，因为这是想象的基础，没有储备就无从想象。假如一个人从来没有见过电脑，那么任凭他想到"海枯石烂"，也不可能在大脑中呈现出电脑的样子。其次，要保持强烈的好奇心，要对生活和周遭的一切充满兴趣，这样就给了自己更多的机会去观察、体验周围的一切，这是一个积极的探索过程。最后，让自己善于捕捉大脑中的"灵感乍现"，善于捕捉创造性的想象和思维，然后进行有意识的再次加工，让它变成更加有意义的结果。

接下来就分享两个能够提高想象力的游戏，大家平时可以在家里跟爸爸妈妈玩，也可以在学校跟同学一起玩。

 游戏百宝箱

1. 比比看谁想得多

游戏介绍：由一个人说一个词语，其他人快速在脑海中想象与之相关的图像。

游戏规则：

（1）每个人的想象时间为 30 秒钟（可以边想象边记录）；

（2）30 秒之后比一比看谁想得最多。

游戏目的：帮助大家将抽象的信息在大脑中用图像的方式呈现出来，久而久之提高"文字—图像"的转换速度，从而摒弃线性阅读的习惯。

2. 把一个故事画出来

游戏介绍：大家共同阅读一个故事，在阅读完之后用图像的方式把故事画出来，然后再进行复述。

游戏规则：

（1）故事的阅读时间不限（10 分钟以内即可）；

（2）绘制故事图画时不允许对照文字，仅凭自己的记忆和想象去完成；

游戏意义：进一步提高大段故事性文字转换图像的速度和能力。

专注力助你进入心流状态

专注力是指一个人专心于某一事物或者活动时的心理状态。保持良好的专注力，是大脑进行感知、记忆、思维、想象等心理活动的基本条件。换句话说，专注力就像是我们心灵的窗户，这扇窗户开得越大，知识就越容易进入我们的大脑，这扇窗户开得越小，学习起来就越困难。所以说，专注力是提升学习效率最重要的一项能力。

对于阅读来说也是一样，很多同学觉得自己的阅读速度慢，看完书很多内容都记不住，理解得也不好，其实大多数情况都是专注力不集中导致的。

专注力不集中导致阅读的不良体验

大家可以回忆一下，自己在阅读时是否会出现如下几种现象：

1. 丢字落字。这种情况往往在阅读时不太会被注意到，但是在朗读文章时就很明显。明明挺认真的，却总是磕磕巴巴，有的时候嘴巴好像不受自己控制一样，就是会容易漏掉一些字词，有的时候还会嘴里"拌

蒜"，读不清楚。我们想想看，如果朗读时是这样的，那么平时默读、阅读时也会出现丢字落字的情况，大大影响最终理解的效率。

2. 做白日梦。这里要解释一下，"做白日梦"就是在看书时，看着看着就想些其他的事情，比如，一会儿吃什么，周末去哪儿玩比较好。还有的同学在看书时把手机放在旁边，看会儿书就去看看手机，刷刷朋友圈、微博，拍个自拍，半个小时过去了，如果能回过头来继续看书就已经非常不容易了，大多数同学可能直接把书放到一边，去干别的事了。这样的阅读不仅会影响阅读速度和效率，而且非常浪费时间，自欺欺人，自己觉得好像看书看了很长时间，学习学了很长时间，其实不然。

3. 思维发散。这一点跟做白日梦有点像。大家回忆一下，在阅读时有没有出现过这种情况：当看到某些内容，甚至是一个词语的时候，大脑就不受控制地去联想跟这些内容、这个词语有关的信息，自己越熟悉的，就越容易联想，然后想来想去，不知道过了多长时间，再回过神来继续看书，刚才看的内容可能已经忘得差不多了。

4. 回视返读。这是个非常常见的现象，也最容易被忽视。回视返读就是在阅读一篇文章或者一本书时，经常会出现看着看着书，突然想到一些问题，比如"前面讲什么来着""那个人叫什么名来着"之类的问题，然后就会翻回去看一下，再翻回来继续往下读。在阅读一本书的过程中，这种情况可能会出现若干次。有的同学可能会说："这样反反复复去看，会加深记忆，会更好地理解。"其实并不是这样的，这种阅读会让我们把大量的时间和精力浪费在重复的信息上，而且很有可能这些重复的信息对于整本书来说是不太重要的，甚至是根本不重要的。

我们必须要知道一点，不管是理解一篇课文还是一本书，最好的方式都是在看完一遍之后，从整体的角度去理解文章、感知内容，只有这样，阅读效率才最高，理解才最透彻。

作息时间对专注力的影响

随着技术的不断发展进步，手机、互联网的普及，大多数人的睡眠时间在不断地后移。从之前的晚上9点多上床睡觉，到现在11点多还觉得夜生活才刚刚开始，产生了大量的"夜猫子"。除了这些诱惑之外，还有的同学是因为学习压力比较大，经常熬夜学习，挑灯夜战，导致作息没有规律。无论什么原因，结果都是早晨没有办法按时起床，即使强迫自己起来，头也是昏昏沉沉的，甚至一整天都打不起精神。晚上晚睡一个小时，可能影响的是第二天一整天的学习效率，导致听课效率低下，这是得不偿失的。

一般情况下，小学和初中阶段，每天睡眠时间应保持在9~10小时。合理安排时间，是养成良好作息习惯的第一步。

 能力百宝箱

使用表 2-3 和表 2-4，可以帮助大家调整一整天的作息时间，提高对时间的感知能力，进而改善专注力。

任务清单表

使用方式：（1）在"项目名称"栏中填写一天要做的事情（比如预习语文课文或写数学作业）；（2）在"预估时长"栏中写下这件事情自己认为需要花费的时间；（3）在"开始时间"栏中写下开始做这件事情的起始时间；（4）在"结束时间"栏中写下完成这件事情的时间；（5）在"实际用时"栏中写下做这件事情实际花费的时间；（6）在最后一栏中填写实际用时和预估时长的差值。

表 2-3　任务清单表

项目名称	预估时长	开始时间	结束时间	实际用时	节省（超过）时间
数学作业	40 分钟	19:00	19:30	30 分钟	10 分钟

时间流程表

使用方式：（1）在"场景"栏中填写一天中项目发生的地点；（2）在"事件"栏中填写要做的事情；（3）在"时间"栏中填写做这件事情的开始时间和结束时间；（4）在"关键时间节点"栏中写下在某一时刻必须要做的事情（比如6:30必须起床，8:00必须离开家）。

表2-4 时间流程表

项目		时间	
场景	事项	开始时间	结束时间
家里	起床 + 穿衣服	6:30	6:40
关键时间节点：			

压力对专注力的影响

当我们的大脑面对压力时，会有两个应激反应：一个是"打"，一个是"逃"，而绝大多数人的反应是"逃"，这是一种本能的自我保护。比如，当我们面临一次比赛时，会感受到非常大的压力，有时就会想要放弃比赛；当我们需要看完一整本书时，就会给自己找各种理由去逃避阅读。

我们要知道，压力实际上是告诉我们需要积蓄能量，去应对事情的发生，这是一种本能反应，所以不需要产生额外的焦虑。

其实，在压力源（比如必须要比赛或者必须要阅读完一本书）没有改变的情况下，我们可以尝试将目标进行分解，就像庖丁解牛一样这样压力也会随之分解。比如，可以将一个大的目标分解成若干个小目标，将原本巨大的压力分解为小的压力，这样就能够让我们的大脑稍微放松下来，需要面对的压力就减轻了很多，将事情完成的可能性也大大提高了。

 阅读百宝箱

使用表 2-5 将阅读目标进行分解，从而分解阅读压力。

阅读任务拆分表

使用方式：

（1）在基本信息中填写书的名称、全部的章数以及完成阅读的时间；

（2）在阶段目标中填写每一个阶段需要完成的阅读章数和截止时间。

表 2-5　分解一本书的阅读任务

基本信息	书名：
	章数：
	用时：
阅读分解	第一阶段：
	第二阶段：
	第三阶段：
	第四阶段：

外界空间对专注力的影响

我们可以试想这样一个情景：书桌上杂乱无章，什么都有，本来看书看得好好的，发现旁边有一张报纸，然后就翻出报纸看一下；又或者本来写着写着作业，正好旁边有一袋没吃完的饼干，就吃了两块饼干；甚至是一张照片、一张纸条，上面的图画或者文字都会分散我们的注意力。

所以，当我们在家中学习或阅读的时候，首先要将书桌清理干净，把所有跟当下无关的其他书籍、物品全部清除，保证在视野范围内只会出现将要学习或阅读的内容，这是让我们在整个学习或阅读过程中保持专注力的一个基本策略。

记忆力提升阅读效率

人的记忆力是天生的吗

大多数人都认为记忆力是天生的，有的人天生记忆力不好，有的人天生记忆力超群，是没有办法改变的；还有的人认为想要记住就只能单纯地依靠多读、多写、多听这种重复性的记忆方式，没有别的更好的办法。

先来说说我的关于记忆的经历。我上大学的时候，需要背诵大学英语四级单词，我记得特别清楚，每一个单词我都需要在纸上写至少50遍，几乎要写满一张 A4 纸，然而过了一个星期之后，就忘得差不多了。由此可见，我的记忆力差到了什么程度。但是，就是这样一个记忆力不好的人，经过训练与学习，现在居然从事着记忆方法的传播工作，真是有点不可思议。

其实，记忆力确实会因人而异、因事而异，但是记忆力并不是一成不变的，是可以通过训练得到提高的，每个人都是可以做到的。

提高记忆力的两大法宝

对于我们的大脑来说，最基本的工作模式有两种，一种是联想，一种是想象。换句话说，大脑是以网络般的联想和图像化的模式进行学习、记忆和思考的。

为了证明这个观点，我们来体验一个小游戏。非常简单，请大家在脑海中想象"苹果"这个信息，任意自由地展开联想，想到任何内容都可以，时间是 30 秒钟。

根据苹果，大家脑海中可能呈现的是"绿色苹果""红色苹果"或者"一筐苹果"之类的画面，还有的人会想到牛顿（被苹果砸到了脑袋）、手机（iPhone 手机）、健康（一天一个苹果）等内容。由此可见，当我们的大脑接收到信息时，会把信息转换成自己能够接受和理解的图像，然后还会跟自己记忆中储备的信息进行相互关联，借此来更好地理解这个新的信息。

所以，要想提高记忆力，非常重要的一点就是在记忆的过程中运用大脑的联想和想象能力，用大脑习惯的工作方式去记忆，效率自然就会提高了。

大脑具备神经的可塑性，不是一成不变的，联想和想象的能力也同样可以通过一些游戏和训练得以提高。

能力百宝箱

感官想象训练

训练说明：

通过做一些常规的想象，帮助我们的大脑养成图像化思维的习惯，不仅会用到视觉形象，还会调动其他所有的感官系统。如果条件允许，建议大家每天都拿出一点时间来练习，这对大脑养成图像化思维习惯非常有帮助。

训练方法：

想象你的手里拿着一个乒乓球，这个乒乓球散发出柠檬的味道，然后仔细观察这个乒乓球，上面画着一面红色的国旗，这个国旗越变越大，变成了真实的国旗，你将国旗拿在手里，然后披在身上，那种自豪感油然而生。想象你披着国旗在运动场绕场一周，非常兴奋和喜悦，你对着观众挥手致意，欢乐的笑声充满了你的大脑。

让这个画面和感觉在脑海中停留 5 分钟。

特别说明：

上面只是举一个例子，大家可以任意想象，只要在过程中有画面呈现在大脑中就可以。

信息关联训练

训练说明：

这项训练帮助我们的大脑在接收信息的时候，更习惯于将信息与已知信息建立联结，达到更好的理解和记忆的效果。

训练方法：

为下面对应的词语找到至少一种联系，这种联系可以是逻辑的联系，也可以是创造出来的非逻辑的联系。

例如：苹果和西瓜，苹果和西瓜都是水果，苹果和西瓜都是圆的。

苹果	西瓜
书籍	钟表
茶叶	可乐
日历	台灯
足球	袜子
草莓	石头
电脑	人民币

如何提高阅读中的记忆力

在阅读中，通过图像化的助记手段能够大幅度提高记忆效率。在这里跟大家分享两个技巧，分别是符号法和画图法。这两个技巧可以同时使用，也可以有针对性地使用。

符号法

很多同学在阅读时会在文章中画圈、下划线、波浪线等符号，但是经常会出现的一个误区是，在画的时候过于随心所欲。随意画出来的符号其实对大脑没有任何帮助，因为没有事先定义好符号的意义。

我们以语文课文《山中访友》为例，很多同学是这样标记的：

这山中的一切，哪个不是我的朋友？我热切地跟他们打招呼：你好，清凉的山泉！你捧出一面明镜，是要我重新梳妆吗？你好，汩汩的溪流！你吟诵着一首首小诗，是邀我与你唱和吗？你好，飞流的瀑布！你天生的金嗓子，雄浑的男高音多么有气势。你好，陡峭的悬崖！深深的峡谷衬托着你挺拔的⬭身躯，你高高的额头上仿佛刻满了㊢智慧。你好，悠悠的㊢白云！你洁白的身影，让天空充满宁静，变得更加湛蓝。喂，淘气的㊢云雀，叽叽喳喳地在谈些什么呢？我猜你们津津乐道的，是飞行中看到的好风景。

我们会发现，这样的标记把所有的重点词语都用圆圈圈出来了，但是没有进行分类，看起来还是混乱的，没有重点。下面我们看一下如果用分类的标记法，是什么效果。

这山中的一切，哪个不是我的㊢朋友？我热切地跟他们打招呼：你好，清凉的山泉！你捧出一面明镜，是要我重新梳妆吗？你好，汩汩的溪流！你吟诵着一首首小诗，是邀我与你唱和吗？你好，飞流的瀑布！你天生的金嗓子，雄浑的男高音多么有气势。你好，陡峭的悬崖！深深的峡谷衬托着你挺拔的身躯，你高高的额头上仿佛刻满了智慧。你好，悠悠的白云！你洁白的身影，让天空充满宁静，变得更加湛蓝。喂，淘气的云雀，叽叽喳喳地在谈些什么呢？我猜你们津津乐道的，是飞行中看到的好风景。

通过对比，我们能够发现，在采用有意义的助记符号之后，这些符号会对信息进行归纳和整理，自然我们的大脑对信息的理解会更加深刻，记忆效果就会更好。

 能力百宝箱

常见的符号系统：

○	△	___	-------	=======	☆	{}	●	‖	?
圆圈	三角形	实线	虚线	双虚线	星号	括号	点	双竖线	问号

画图法

在前文中，我们知道了大脑的基础能力是想象和联想，也就是说大脑在处理信息时，最本质的能力是图像化，正所谓"一图抵千言"。我们在阅读文字时，如果能够把信息直接转换成图像，才更符合大脑的工作模式，使记忆效率得到提高。

以下面这段文字为例：

站在长城上，踏着脚下的方砖，扶着墙上的条石，很自然地想起古代修筑长城的劳动人民来。单看这数不清的条石，一块有两三千斤重。那时候没有火车、汽车，没有起重机，就靠着无数的肩膀无数的手，一步一步地抬上这陡峭的山岭。多少劳动人民的血汗和智慧，才凝结成这前不见头、后不见尾的万里长城。

这种有画面感的文字通常是有位置变化的，我们可以在记忆的过程中把作者的所见、所闻和所感在脑海中或纸上呈现出来，如图 2-2 所示。接下来我们来看这幅"图画"是如何辅助我们记忆的。

图 2-2

首先，在左侧画一个卡通小人站在长城上，代表作者，表示第一句"站在长城上"，接下来按照从下到上的位置变化进行记忆，分别是：

脚——踏着脚下的方砖；手——扶着墙上的条石；大脑——很自然地想起古代修筑长城的劳动人民来。

然后，在"长城"旁边画"三根条石"表示"单看这数不清的条石"，再在条石上面画一块儿写着"2000~3000"的大条石，来表示"一块有两三千斤重"，接着在右侧从上到下依次画出"火车""汽车"和"起重机"，分别对应"那时候没有火车、汽车，没有起重机"。

接下来，在"起重机"的下面画人的肩膀和手，并在旁边画一个"阶梯"，对应"就靠着无数的肩膀无数的手，一步一步地抬上这陡峭的山岭"。

最后，在最右侧，画一排"小人"表示"劳动人民"，画"问号"表示"多少"，这部分对应的是"多少劳动人民的血汗和智慧"。在最下面画一个向前的符号和头、一个向后的符号和尾巴，对应"才凝结成这前不见头、后不见尾的万里长城"。

这样我们就可以通过一幅简单的"图画"将一段文字记忆下来，这是一种非常符合大脑工作和记忆模式的思路。

思维力为阅读赋能

彼得·圣吉在《第五项修炼》一书中提出："要想教给人一种新的思维方式，就不要刻意去教，应当给他们一种思维工具，通过使用工具去培养新的思维模式。"我们在阅读的过程中也是这样，可以通过掌握一些思维工具来养成良好的阅读思维。接下来就跟大家分享几个常用的、简单的思维工具。

5W2H 分析法

5W2H 分析法又叫"七问分析法",由二战中美国陆军兵器修理部首创。简单、方便,易于理解和使用,富有启发意义。这种分析法更多的是用来解决实际问题,避免考虑问题时有所疏漏。

5W2H 包括 7 个问题,分别是:What(是什么),Why(为什么),Who(都有谁),Where(在哪里),When(什么时间),How(如何做)和 How much(有多少)。

从阅读的角度来说,5W2H 分析法一般可以使用在阅读一本书(或一篇文章)之前。在正式阅读之前,通过这几个问题来问一下,以帮助我们更好地理解书中的内容。

下面我们就以大家耳熟能详的《西游记》为例,分析一下如何通过 5W2H 的策略来进行阅读前的提问。

What（是什么）

可以问以下几个问题：

（1）《西游记》讲的是什么？

（2）取经是要做什么？

（3）唐僧师徒几人的分工是什么？

Why（为什么）

可以问以下几个问题：

（4）为什么要去取经？

（5）唐僧的几个徒弟为什么会死心塌地跟着他？

（6）在取经的路上为什么会遇到一些"妖魔鬼怪"？

Who（都有谁）

可以问以下几个问题：

（7）唐僧的真正身份是谁？

（8）唐僧的几个徒弟在取经之前都是什么身份？

（9）在取经路上他们都遇到了哪些"妖魔鬼怪"？

（10）这些"妖怪"的真实身份又是什么？

When（什么时间）

可以问以下几个问题：

（11）《西游记》发生的真实时间是什么时候？哪个朝代？

（12）唐僧师徒在取经路上花费了多长时间？

（13）在取经路上他们在哪些地方停留的时间最长？

Where（在哪里）

可以问以下几个问题：

（14）唐僧师徒取经的路线是什么？

（15）他们取经都经过了哪些地方？能从现在的地图上找到这些地方吗？

How（如何做）

可以问以下几个问题：

（16）取经路上遇到危险的时候，唐僧师徒是怎样应对的？

（17）还可以有哪些应对的方法？

How much（有多少）

可以问以下几个问题：

（18）他们取经一共遇到了多少次磨难？

（19）在取经路上遇到的磨难中，有多少"妖怪"是观音菩萨帮助降服的？

（20）最后他们取得的真经一共有多少章？多少卷？

有的同学可能会觉得，在看书之前就问这么多问题，太麻烦了。其实并不麻烦，在阅读之前通过这 7 个角度去进行提问，可以让我们更好地带着问题、带着目的进行阅读，会大大提高阅读速度和阅读效率。

当然，这里只是以《西游记》举例，因为大家都比较熟悉这本书的大致内容，当我们遇到不太熟悉的书时，不一定要问这么多问题，可以少问一些。无论如何，只要我们能够去"问一下"，都是有帮助的。

PDCA 模型

第二个跟大家分享的是 PDCA 模型，是美国质量管理专家休哈特博士首先提出的，由戴明采纳、宣传，获得普及，所以又称戴明环，也叫作 PDCA 循环。

PDCA 是英语单词 Plan、Do、Check 和 Act 的首字母的缩写，PDCA 循环就是按照这样的顺序进行管理，并且循环不止地进行下去的科学程序（如图 2-3）。

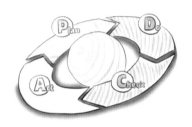

图 2-3

先来简单解释一下 PDCA 的具体含义：

Plan——计划。包括方针和目标的确定，以及活动规划的制订。

Do——执行。根据已知的信息，设计具体的方法、方案和计划布局；再根据设计和布局，进行具体运作，实现计划中的内容。

Check——检查。总结执行计划的结果，分清哪些对了，哪些错了，明确效果，找出问题。

Act——处理。对总结检查的结果进行处理，对成功的经验加以肯定，并予以标准化；对失败的教训进行总结，引起重视。对于没有解决的问题，应提交给下一个 PDCA 循环去解决。

需要注意的是，以上 4 个环节不是运行一次就结束，而是循环往复地进行，一个循环完成，解决一些问题，未解决的问题进入下一个循环，阶梯式上升。

在阅读中如何使用 PDCA 模型养成良好的阅读习惯呢？

首先，在 P（计划）阶段，我们可以根据当下自己的需求制订阅读计划和阅读目标，比如语文老师要求我们用 1 个月的时间阅读 1 部经典文学作品，那我们在这个阶段就要根据自己的情况制订详细的阅读计划。

其次，在 D（执行）阶段，我们要根据具体的时间规划进行阅读。在这部分需要注意的是，很多人制订计划后，会出现两个结果：一个是严格按照计划执行，即使计划不合理也不管不顾，强迫自己必须做到；另外一个是没有按照计划执行，给自己找很多的理由和借口去放弃。这两种做法都是不可取的，在执行阶段，我们需要根据实际情况去正确评估计划是否合理。

再次，在 C（检查）阶段，我们要针对计划阶段和执行阶段的实际情况进行评估和总结，看看哪些地方是合理的，哪些是不合理的，在执行计划的过程中哪些执行得好，哪些没有执行好，没有执行好的原因是什么。通过检查来找出问题，明确阅读的效果。

最后，是 A（处理）阶段，对检查阶段的结果进行处理，对做得好的地方给予肯定，对做得不好的地方进行经验总结，调整下一阶段的计划，进而进入到下一个阅读循环。

整个 PDCA 循环可以参考表 2 - 6。

表 2-6　使用 PDCA 模型进行阅读

计划阶段 （Plan）	书名	
	阅读目的	
	时间期限	
	具体时间规划	

（续）

执行阶段 （Do）	每日阅读打卡	第1天： 第2天： 第3天： 第4天： 第5天： 第6天： 第7天：
检查阶段 （Check）	成功的经验	
	错误的经验	
处理阶段 （Act）	如何调整	

以上跟各位同学分享了两个简单的思维模型：第一个是5W2H模型，是用来帮助我们在阅读前提出问题，以优化阅读体验，提高阅读效率；第二个是PDCA模型，能够帮助我们养成良好的阅读习惯。

第三章

高效阅读前的准备

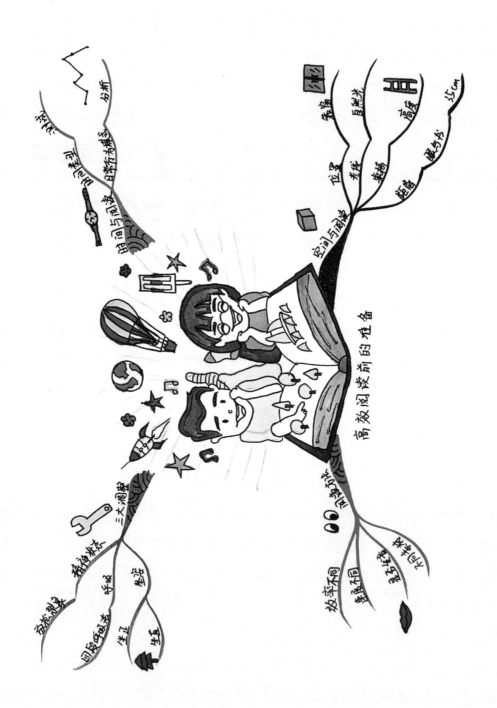

在这些年分享阅读的过程中，我发现几乎所有人都因为一个问题而苦恼，就是阅读之后的理解和记忆。大家普遍认为，看书一定要仔仔细细、认认真真，要完完整整地记住更多的信息，因此会对一行文字进行反复阅读，拼命让自己记住，但是过后却发现，大多数内容好像都不记得了，一片空白。这是很多人的通病。我以前也是这样，无形中给自己增加了很大的压力和负担，渐渐地还会给自己贴上了一个又一个标签，"我看书慢""我理解能力差""我就不是一个善于阅读的人"……最后的结果可想而知，根本找不到阅读的乐趣，而谁又会愿意做自己都觉得无趣的事情呢？

直到后来，我无意中看到了一本书，是日本作家印南敦史写的《快速阅读术》，里面提到了一个理念，叫作"流水式阅读"，简直让我茅塞顿开，对阅读有了全新的理解和认知。更好玩儿的是，书中提到了我们在阅读的时候，要像听音乐一样，去享受整个过程。为什么我们可以很放松地享受音乐，而一到读书就要一本正经地"摆好架势""做好准备"呢？为什么不能像欣赏音乐那样，轻松地阅读书籍呢？

这本书里面有一句话我很喜欢，就是"读一本书，只为遇见一行文字"。如果我们认为读书就一定要全部记住，全部理解，一点儿都不能遗忘，无形中就会增加很多压力和负担，把阅读变成了一件功利的、无趣的事情。

所以，阅读不等同于考试，我们不能让自己背负这么沉重的包袱，先放轻松，享受读书的快乐，养成阅读的习惯，才能去谈论一些阅读的技巧、记忆的方法等。

不同的时间段对阅读有影响吗

时间对大脑的影响

一个多世纪以前，科学家开始测量一天中各个时间段人类大脑的状态。德国心理学家赫尔曼·艾宾浩斯开创性地进行了一些实验，证明人们在早上比在晚上能够更加有效地学习和记忆一些无意义的音节。从那以后，研究人员继续对一系列思维活动进行调查，并得出了三个关键结论。

第一，人的认知能力在一天中不会保持不变。在 16 个小时左右的清醒时间里，人的认知能力以一种规律的、可预见的方式发生改变。某些时段，会比其他时段更聪明、更敏锐、更有创造力，或者更愚笨、更迟钝、更缺乏创意。

第二，这些日常波动比人们想象的要更为极端。牛津大学神经科学家和时间生物学家拉塞尔·福斯特认为："每天的高点和低点之间的表现差异，相当于喝了法定饮酒量的效果。"其他研究已经表明，时间效应可以解释20％的人类认知能力差异。

第三，一个人如何做取决于他在做什么。英国心理学家西蒙·福卡德说："脑力表现的时间效应研究给我们提供的最重要结论，也许是执行特定任务的最佳时间取决于该任务的性质。"

哈佛大学的弗朗西斯卡·吉诺和两位丹麦研究人员对200万名丹麦学生的4年考试结果进行分析，并将分数与学生参加考试的时间进行比对，发现了一种既有趣又令人不安的相关性：学生早上参加考试取得的成绩要高于下午参加考试取得的成绩。事实上，每过一个小时，考试成绩都比前一个小时下降一点点。

美国的研究情况似乎也是如此。芝加哥大学的经济学家诺兰·波普对洛杉矶近200万名学生的标准考试分数和课堂成绩进行了研究。不管开始上课的时间是几点，"比起后两节课上数学课，前两节课上数学课，学生数学考试的平均成绩更高"，在加利福尼亚州州级考试中的成绩也更高。虽然波普说现在还不清楚为什么会发生这种情况，但"结果表明，学生在早晨的学习效率往往更高"。因此，我们可以通过简单的时间调整来促进学习。

但是，在调整学习安排并且准备把所有重要的事情塞到上午之前，必须谨慎一点儿。因为不是所有的脑力劳动都毫无差别。

除此之外，并不是所有人的情况都是一致的，每个人都有自己的"时间类型"，这是决定人们身心昼夜节律的个人模式。

有些人是"猫头鹰"型，这类人日出很久才会醒来，讨厌早晨，直到下午甚至傍晚才迎来高峰。还有一些人是"知更鸟"型，起床很轻松，白天感觉活力充沛，晚上却疲惫不堪 。

测试自己属于哪种"鸟"

我们可以根据丹尼尔·平克在《时机管理》中对时间类型分类的研究成果，通过确定睡眠中间点的方法来判断自己的时间类型。想想自己在不需要固定时间起床时的行为，然后问自己三个问题：

第一，通常几点睡觉？

第二，通常几点醒来？

第三，两个时间的中间点是几点？也就是说，你的睡眠中间点是几点？如果通常在晚上 12：00 左右入睡，早上 6：00 醒来，那么你的睡眠中间点就是凌晨 3：00。

然后，根据问题的答案，在图 3 - 1（横轴表示睡眠中间点，纵轴表示人口占比）中找到你的位置。

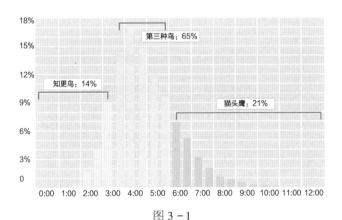

图 3 - 1

很可能你既不是纯粹的"知更鸟"，也不是纯粹的"猫头鹰"，而是居于两者之间，我们可以称之为"第三种鸟"。从统计数据来看，猫头鹰型的人比知更鸟型的人要多。高中生和大学生大多是猫头鹰型，60 岁以上和 12 岁以下的人则大多是知更鸟型。男人中的猫头鹰型比女人多。然而，抛开年龄和性别，大多数人既不是纯粹的知更鸟型，也不是纯粹的猫头鹰型，而是中间的"第三种鸟"。

三步法分析自己的日常行为模式

这里有一个简单的技巧可以帮助大家指导每天的时间安排,包含三个步骤。

第一步,通过完成前面的三个问题来确定自己的时间类型。

第二步,确定自己需要完成的工作,是涉及缜密的分析,还是天马行空的洞察。

第三步,根据表 3 – 1 找出自己每天分析任务、洞察任务、给人留下印象和做决定的最优时间段。

表 3 – 1　你的日常模式

	知更鸟型	第三种鸟型	猫头鹰型
分析任务	早晨	早晨至上午	午后和晚上
洞察任务	午后或傍晚	午后或傍晚至上午	上午
给人留下印象	上午	上午	上午
做决定	早晨	早晨至中午	午后和晚上

也就是说,如果你是知更鸟类型的人,就需要在早晨处理那些重要的学习任务;如果你是猫头鹰类型的人,就需要在晚上处理那些非常重要的事情。

阅读前需要做的三大调整

通过这些年的教学,我发现很多阅读者通常随手拿起一本书就看,非常自然，然而过了 10 分钟左右，就开始注意力不集中、走神、看不下去，然后把书合放到一边。这其实是因为在看书前，大脑和身体并没有做好准备。就像运动员，在比赛前一定要进行热身一样，读书前也要进行一些准备工作，调整好阅读状态。

所以，我在每次分享高效阅读方法时都会强调阅读前的"仪式感"，也就是在看书前要做好三大调整：坐姿的调整、呼吸的调整和精神状态的调整。

坐姿的调整

坐姿的准备非常重要，也最容易被忽视。很多同学喜欢躺着看书、趴着看书或者把书平放在桌子上看，其实这些姿势都是不好的。在阅读时，首先要尽量坐直，后背可以稍微弯曲一点，这样会比较舒服，也不容易疲劳；其次不要跷二郎腿，这样会导致身体的血液循环不畅，而且，长时间保持这个姿势，还会让腿部发麻，影响整个身体的感觉以及大脑的专注力；最后，尽量把书拿在手里，让书斜立在书桌上，再进行阅读。

呼吸的调整

阅读前要进行呼吸的准备和调整，在这里跟大家分享一个方法——四段呼吸法。科学家通过实验研究和分析，发现采用 1 分钟 4~6 次的呼吸节奏，会让专注力更加集中，从而提高学习和工作效率。这里我们采用的是 1 分钟可以呼吸 4 次的四段呼吸法（如图 3-2），下面简单说明一下操作方法。

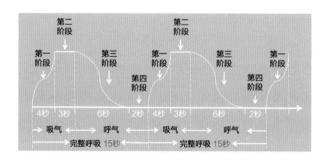

图 3-2

第一阶段，吸气环节。用 4 秒的时间进行吸气，一定要注意的是，吸气时要缓慢均匀，然后要把气吸入到下腹部，也就是我们常说的丹田，如果实在找不到丹田，就记得把气吸入到肚子里。

第二阶段，屏住呼吸。这时既不吸气，也不呼气，目的是让刚吸入的气体跟身体有一定时间的融合和交互，大约 3 秒的时间就可以了。

第三阶段是呼气环节，大约 6 秒的时间，这时要用嘴巴慢慢地呼气，让气体缓慢而均匀地从丹田往外呼出。

第四阶段是放松阶段，同样既不吸气，也不呼气，让身体完全放松，大概 2 秒钟的时间。

一次完整的四段呼吸法所用的时间大约是 15 秒，1 分钟可以完成 4 次。刚开始时，时间可能把握得不太好，大家可以在心里默默数数，比如"吸气，1，2，3，4"。

四段呼吸法不仅在阅读前可以用，在上课前、考试前都可以做几次，有助于我们集中注意力，还能让我们放松心情，缓解紧张感。

精神状态的调整

调整精神状态的主要目的是提高阅读时的专注力，把大脑的脑波调整到合适的状态。

我们的大脑在工作时是通过电信号进行传递的，所以大脑在工作的过程中会产生脑电波。脑电波频率越高，注意力越容易分散。我们通过精神状态的调整，比如放松练习、冥想练习等，可以让大脑逐渐放松，专注力更加集中，提升学习和记忆效率，也可以提高阅读速度，让阅读变得非常高效。

大家可以结合四段呼吸法，闭上眼睛，去体验让自己放松的感觉。

坐在椅子上，让自己舒舒坦坦，做一个缓慢的深吸气，呼气时，感到紧张感开始飘走，对自己说"放松"；做第二次缓慢的深吸气，呼气时，感到紧张感再次被带走，放松；做第三次缓慢的深吸气，呼气时，想象紧张感离开自己的肌肉，对自己说"放松"。

将脚趾尽可能地绷紧，弯曲脚趾，紧紧地，紧紧地。继续保持脚趾紧绷又紧张的感觉，从 1 数到 5。放松脚趾，让紧张感飘走。完全放松脚趾，体会有何不同。

绷紧脚趾、脚及小腿以下的肌肉，让这些肌肉非常紧张，保持这种紧张感，慢慢从 1 数到 5，体会一下这种紧张的感觉。然后放松，享受紧张释放后那种完全放松的感觉。

绷紧臀部，保持这种紧张感，从 1 数到 5，然后释放紧张感，让紧张的神经放松。

绷紧后背下方和腹部肌肉，注意使身体全部紧张起来，感受一下自己正保持紧张的部位，从 1 数到 5 时让这些肌肉再紧张一些。然后让其放松，全部放松。放松，缓解，消失。让紧张感从每块肌肉中排出，让所有的重量消失，告诉身体让那些肌肉再放松一点，注意体会让紧张感离开肌肉时的感觉。

绷紧躯干上部的肌肉，拱起双肩，绷紧胸背的肌肉，让这些肌肉再绷紧一些，体会一下这种紧张感，从 1 数到 5。然后放松、呼吸，感到胸背所有的肌肉正在放松，感到肩胛骨间的紧张感飘走了，感到所有的紧绷感在离去、飘走，让这些肌肉再放松一些。

绷紧双臂，握紧拳头。真正体会到双手的紧张感，从 1 数到 5，然后放松，让双臂感觉像面条一样，享受紧张得到释放的感觉，感受释放后的感觉是多么美好。

紧缩脸部的所有肌肉，绷紧下巴，紧咬牙关，绷紧前额，眼睛斜视，绷紧所有能绷紧的每块肌肉，保持这种紧张感，从 1 数到 5，然后放松，放松皱起的每块肌肉，放松头皮，放松眼睛，放松下巴，去掉所有紧绷和紧张感，放松脸和头部的所有肌肉，注意感受让紧张感消失的感觉是多么好。

绷紧全身的每一块肌肉，脚跟、腿部、腹部、背部、胸部、双肩、双拳、脖子和脸。尽可能地紧绷，压紧全身的每块肌肉，保持这种紧张感，从 1 数到 5。然后放松，放其走掉，让紧张感从身体的每块肌肉中流走。放松、缓解、消失。

感觉愉悦的放松感遍布全身，很舒服，很愉快，留意全部放松的感觉是多么好，用意念检查全身，从头到脚。还有没放松的部位吗？绷紧它，保持住，放松。现在身体已完全放松了。

再体味一下从头到脚流遍全身的放松感，留意让肌肉完全放松的感觉是多么好，让轻松之波从头到脚再自由地流动一遍，体味这种感觉。

这就是一次比较完整的身体放松训练，相信大家通过这样的放松练习，大脑和身体都处在一种很棒的状态下。每次在阅读前，大家都可以花几分钟的时间来练习，会很好地提高学习效率。

当对练习的内容比较熟悉时，还可以选择闭上眼睛去进行练习，效果会更好。

阅读时需要注意的位置和距离

阅读不仅仅是一个人、一本书这么简单的事，从客观环境的角度来看，一个好的阅读环境会给阅读带来更充实的体验。要想有更好的阅读体验，有非常多的细节需要被大家关注，这些细节会对阅读效果产生影响。

阅读的位置和光线

在阅读中，环境指的是位置和光的强度。这里要记住，只要有条件和可能，我们都要在自然光下阅读和学习，也就是说，书桌尽量要靠近窗户。如果在晚上或者阴天，需要台灯的情况下，尽量让台灯在你的左边，让光线从左边照射过来，因为我们大部分人是用右手翻书和写字的，从右边照射会有一定的影响。同时，光线的亮度要适中，不要跟房间的其他地方形成巨大的反差。

其次，要让自己的身体稍稍有一点舒服。为什么是有一点舒服，而不是特别舒服呢？有的同学说，坐在沙发上舒服，甚至有的同学可能说躺在床上特别舒服，心情也好，但是这样看一会儿书就想睡觉。所以要有一点舒服，但不能太舒服，要坐在椅子上看书，椅子的靠背尽量是直的，这样对我们的身体也是有好处的。

桌椅的高度

最适合的椅子高度，是当我们坐着的时候，大腿可以与地面保持平行，同时要保证身体的受力。书桌高出椅子约 20 厘米左右即可。

文字与眼睛的距离

文字与眼睛的距离，大约保持在 30～50 厘米之间，当然不必每次看书的时候都拿尺子量一下，开始的时候可以拿胳膊比一下，大概相当于一个上臂的距离。等到习惯慢慢养成，身体肌肉自然就形成记忆了。这样的距离会让注意力更加容易集中，头疼之类的情况也会减少。

阅读有哪些方法

"因材施教"是高效阅读非常核心的原则之一。通常来说，根据不同的情况，可以采用不同的阅读技巧。

根据素材不同

第一种，信息式阅读法。这类阅读的目的只是了解情况，比如阅读报纸、广告、说明书等材料时，会使用这种阅读方法。

第二种，文学作品阅读法。文学作品除了内容之外，还有丰富的修辞和韵律。因此阅读时应该非常缓慢，让自己听到每一个词的声音，不要因为偷懒而不张嘴读。

第三种，经典著作阅读法。可以用这种方法来阅读哲学、经济、军事和古典著作。阅读这些著作时要像读文学作品一样慢，让阅读经常性地"暂停"，在暂停时对书中的一字一句都细加思索，捕捉作者的真正用意，从而理解其中深奥的哲理。

从上述分类方式来看，我们能够明白阅读很重要的一个原则就是要根据不同的书籍（或者材料）采用不同的阅读策略。很多人通常只使用一种阅读策略，就是逐字逐句地阅读，效率往往就会非常低，所以一定要学会判断和分类。

根据是否发音

根据阅读时是否发出声音，一般可以分为朗读、默读和视读三种方法。前两种也称为音读，后一种一般称为快速阅读。朗读就是发出声音的阅读，这种阅读方法多在少儿识字、读书背诵时使用，用来了解学生是否真的会读，或者检验学生的阅读能力；默读是表面上没有发出声音，而大脑中仍然在默念文字或符号的阅读，是大多数人所熟悉并使用的阅读方法；视读即速读，是指由眼睛识别信息后直接作用于大脑产生意义理解的阅读，整个过程极少有音读的情况。

根据阅读的速度

根据阅读时的速度快慢，一般可以分为速读和慢读两种阅读方法。通常情况下，比正常阅读速度快三倍以上的阅读都可以称为"速读"，以整体感知为特点。

慢读通常是指阅读速度在每分钟 100 字到 300 字之间的阅读，速读的阅读速度一般比慢读快 3 ~ 10 倍左右。听读、朗读、默读等都属于速度较慢的阅读方法。

根据阅读的效率

根据阅读理解效率的高低，一般可以分为精读、速读、略读和泛读四种阅读方法。精读是对阅读掌握度要求最高的一种，一般用于阅读工作、学习和考试复习中需要精确理解和记忆的内容；速读是在全文从头到尾的阅读中获取有用信息的一种快速阅读方法，此种阅读方法的理解和记忆的精确度稍次于精读；略读是选择重点和要点的概要式阅读；泛读则是目的性不强的泛泛而读。

第四章

像锻炼肌肉一样提高阅读基础能力

你够专注吗——信息抓取能力

专注力训练

专注力不足会导致在阅读的过程中出现丢字落字的情况，明明很认真地在读书，却总是磕磕巴巴，就好像嘴巴不受大脑控制一样，还会边看书边想别的事，边看书边做别的事，更为常见的是，经常会出现回视返读的情况。

由此可见，专注力不足会影响阅读速度和阅读效率，让我们无法从书中获取想要得到的信息，所以一定要通过一些训练来提高专注力。在前面我们已经学习了如何通过调整环境和呼吸来改善专注力，接下来我们学习一些更直接的训练方法。

在正式训练之前，大家可以通过下面的测试，首先了解一下自己目前的专注力水平。

从 A 到 Z，一共有 26 个数字串，每个数字串有 32 个无规律数字。大家需要用笔画出相邻两个数字之和是 10 的数字组合，比如在

2918740982734 这串数字中，需要找出的是 91、82、73 这三对数字，可以圈出来，也可以在下面画线。

每答对一对数字，得 1 分。下面共 130 对，若全部答对则得 130 分。

A 7914875639467883123456789876543 7

B 9176543219876543142152162172819 4

C 1284567891234567152163174613512 4

D 3346738291456734912912319826519 0

E 5219877467537098802838203246593 4

F 2056377089574974550553355446550 5

G 6432897637820938245786401825864 0

H 7655474446668883134517831314156 1

I 3283211231235437823923723632437 6

J 9879878768267657019868474328961 9

K 1987382645591088423456834567946 7

L 2468246836911819445556666777773 8

M 8365917237594376776655443322119 9

N 9182736455818372910820745678923 4

O 2734855647237802677567567564576 6

P 6386891876438292876546543543232 1

Q 9754335468225466857463529664534 2

R 4043934736824746364758697283728 3

S 5016198463287642848765907115168 2

T 8365428966403682675469845734289 1

U 4865487698347389647467647647346 8

V　8957386901028537823281817161 5648

W　6428649762801836528360778899 1122

X　4829516383784675286633774488 5599

Y　6248274638961984832845591826 4379

Z　1927465973288231179116644237 5564

测试过程及规则如下：

1．测试时需要倒计时 7 分钟；

2．每行数字只能看一遍，不能反复看，即使在 7 分钟内全部完成，也不能回头检查；

3．全部完成之后，数一下一共找到了多少对数字，每找到一对得 1 分；

4．最后核算自己得了多少分，然后对照下面的标准找到自己所在的区间。

分数在 101 分以下，证明专注力情况需要改善，可以进行针对性的训练和提升；

分数在 102～115 分之间，证明专注力情况刚刚及格，同样需要一些训练；

分数在 116～137 分之间，证明专注力比较集中，属于中上等，不过也可以加强；

分数在 137 分以上，证明专注力非常集中，并且能够很好地控制自己的专注力，做事和学习的效率也相对较高。

这是一个比较普遍的专注力测试，可以让各位同学对自己的专注力情况有一个初步的了解。但需要明确的是，无论测试的分数是多少，仅仅代表当下的一个客观状态，不要给自己下绝对的定义，认为自己的专注力一直很差，或者一直很好。而且，无论分数如何，也都需要一定的训练让自己的专注力变得更好。

下面我们学习几个训练专注力的方法，大家可以在平时经常做一些这样的训练。

固点凝视训练

首先在纸的正中心，画一个直径 1 厘米左右的黑色原点（如图 4-1），然后将纸放在距离眼睛 30 厘米的位置，平行注视这个黑点，大概持续 3 分钟。在这段时间内，尽量让自己的大脑处于一种放空的状态，什么都不要想，把全部的专注力都集中在黑点上，观察黑点在 3 分钟内是否会发生一些变化。

图 4-1

在大多数情况下，会有以下几种变化：

第一种，黑点会无限变大或者有立体的感觉。如果出现这种变化，证明专注力非常不错。

第二种，在黑点的周围有白色的光斑，这是大多数人会出现的感觉。这个光斑可能是一个白色的圆点，也可能是在黑点周围的光晕，像有手电筒在后面照射一样。如果出现这种情况，则证明专注力还可以，处于中等水平。

第三种，黑点完全没有变化，甚至有时候黑点会变成两个，少数人会出现这种情况。如果出现这种情况，就说明专注力真的需要大幅度加强和提高了。

大家可以每天训练 3 分钟，并且把自己每天的情况记录一下，通过一段时间的训练，就能感受到自己专注力的变化了。

手写数字训练

手写数字训练的步骤和注意事项：

1. 准备一张纸、一支笔、一个计时器；

2. 深呼吸让自己放松，同时让大脑和身体都做好准备；

3. 按下计时器，开始快速地从 1 写数字，一直写到 300；

4. 在书写的过程中，一定要注意中间不允许停顿，即使觉得手很酸，也要坚持写下去；

5. 在书写的过程中如果出现错误或遗漏，也不必停下来修改。

总之，让自己用最快的速度进行书写，不用过分追求书写的美观程度，只要保证不连笔写、数字能够认出来就可以。书写完之后，先让自己好好休息一下，揉一揉手，再去检查自己写错了多少，写漏了多少，一定要一个一个地检查，不要想当然。

大家可以在训练时感受一下，在写每个数字的时候，是否注意力不够集中，比如大脑突然在想下一个数字是多少，或者想别的事情，就容易写漏或者写错。大家可以在训练时去觉察一下这种专注和走神的感觉。

在这个训练中，大家要着重观察两点：第一，每次书写所用的时间是不是越来越少；第二，每次写错的数量是不是越来越少。如果这两个数据都在变少，那么证明训练是有效果的。

这个训练不必每天练习，一周练习一次，记录下用时和错误的数量就可以了。

数字转移训练

数字转移训练不仅可以有效提升我们的专注力，而且对我们的数字计算能力也有所帮助。

训练方法：

首先在纸上写两个数字（两个都是个位数），这两个数字要一上一下排列。

6

8

然后，将这两个数字相加，将和写在上面数字（6）的旁边，如果相加之和是两位数，只需要写出和的个位数字，再将前一组上面的数字（6）写到下面的数字（8）旁边。

$$6 \quad 4$$
$$8 \quad 6$$

依次类推，进行计算。

$$6 \quad 4 \quad 0 \quad 4 \quad 4 \quad 8 \quad 2 \quad 0 \quad 2 \quad 2$$
$$8 \quad 6 \quad 4 \quad 0 \quad 4 \quad 4 \quad 8 \quad 2 \quad 0 \quad 2$$

大家可以经常做这个练习，每次可以计时 1~2 分钟，然后数一下自己在规定时间内能完成多少组。

数字划消训练

数字划消是专注力训练中最常用、最简单的一种方法，而且训练方式有很多种，这里简单介绍几种。

1. 指定数字划消，比如，把一组数字中的 6 找出来，并划掉，数一数一共划掉多少个。这个训练可以锻炼注意力的指向性和集中力。

2. 把数字 6 的前一位数字划掉，这是对注意转移力的一种训练。

3. 把数字 6 前面的"7"（或其他数字）划掉，这种训练有助于锻炼专注力的选择性。

数字划消训练还可以有更多好玩的方式，大家也可以自行创造一些有趣的玩法，增加趣味性。

例如：

1. 把下面数字中所有"7117"圈出来 。

7171　1717　7117　1771　7711　1177　1717　1771　7171　1771　1771

7171　7117　1717　7711　1771　7171　1717　7117　7171　1717　1771

1717　7117　7171　1177　1717　7171　1717　1177　1717　7711　7117

1771　7171　1717　1771　1717　1177　1717　7171　1717　7171　7711

2. 用 2 分钟时间，数一数"23"共出现了多少次。如"03023"中有一个"23"，"23523"中有两个"23"，找找下面到底有多少个"23"。

54375　34477　97865　56425　67432　23345　25236　42353　54908

34522　52387　57432　31685　76439　35785　42356　94232　46556

91423　58653　72134　43678　86465　51243　69345　25254　96912

43234　65465　65776　23555　63536　96576　95356　57633　72311

68346　76587　42423　76845　34643　13426　86544　86724　97535

53135　75325　02354　86732　92146　02346　85632

舒尔特表格训练

最后一个训练，也是非常经典的专注力训练，叫作舒尔特表格训练。舒尔特表格通常由 5×5 的格子组成，每个小格子为 1cm，格子中会随机排列 1~25 这 25 个数字（如图 4-2，训练时以配套手册第 1 页图 4-2 为准）。

12	18	5	22	3
17	8	23	13	11
4	25	1	16	6
20	14	24	19	9
7	10	21	2	15

16	4	15	1	10
2	21	11	7	17
25	6	19	14	5
22	12	8	20	9
24	23	13	3	18

11	23	21	16	2
17	7	10	4	8
24	13	3	14	12
25	15	9	5	18
1	22	6	20	19

图 4-2

1	9	15	5	12
24	10	2	14	19
11	22	8	18	6
25	4	3	13	16
23	17	21	20	7

23	2	5	25	13
1	6	17	9	22
12	8	24	19	14
21	3	15	10	16
7	4	18	11	20

11	24	14	19	2
25	23	5	9	15
3	21	1	16	7
17	13	30	12	4
6	22	18	8	10

图 4 - 2（续）

如何用舒尔特表格进行训练呢？非常简单，用手指从 1 开始依次指数字，并且读出来，一直指到 25，算完成一个舒尔特表格。最后可以看一下自己完成一个表格所用的时间是多少。

通过这个训练也可以衡量自己的专注力水平：

7 ~ 8 岁未经训练的同学，在 50 秒左右完成，算是专注力不错的；

9 ~ 12 岁的同学，要在 40 ~ 50 秒之间完成；

13 岁以上的青少年，要在 30 ~ 40 秒之间完成；

未经训练的成年人通常需要 25 ~ 30 秒完成一个表格。

经过一段时间的训练之后，大家会看到自己在用时上的变化，有的人甚至可以在 10 秒内就完成一个舒尔特表格。通过训练，瞬间达到专注状态的能力会大大提高。

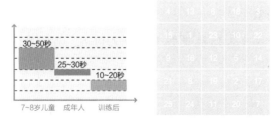

图 4 - 3

建议大家每天练习 5 分钟，时间不要太长，训练完之后可以闭上眼睛休息一下。

以上内容是我们平时就可以做的一些基础训练，有助于提高专注力。从另外一个角度来说，专注力好与坏是受多种因素影响的，比如当下的心情、对书中内容是否感兴趣、看书的时间长短等。

 游戏百宝箱

想要提高专注力不一定非要做一些枯燥的训练，也可以通过游戏的形式"玩"出来。

夹豆子游戏

游戏介绍：在规定时间内，用筷子夹豆子，夹得越多越好。

游戏规则：

1. 事先准备好两个碗，在一个碗里放入若干豆子；

2. 限时三分钟，在三分钟内把一个碗里的豆子夹到另一个空碗中；

3. 在游戏过程中只可以用夹的方式，不得用其他方式（比如用筷子拨豆子）；

4. 可以两人比赛，看谁夹得豆子多。

词语分类游戏

游戏介绍：一个人随机说若干个中文词语，另一个人找出某一类别的词语。

游戏规则：

1. 双人游戏，在开始前分角色，一个人出题，另一个人挑战；

2. 在游戏开始前由出题人规定好挑战者需要找出哪一类别的词语（水果、动物、体育用品等）；

3. 出题人随机说词语，挑战者在听到规定好的类别的词语时，拍手一次；

4. 出题人说词语的速度要逐渐加快，最后统计挑战者拍手的次数。

速度越来越快的眼睛——眼肌眼动能力

在前面的章节中我们提到，想要提升阅读速度，有一项基础能力是必须要训练和提高的，那就是眼部基础能力，接下来我们来学习一些训练技巧和方法。

大家在训练过程中，需要特别注意的一个细节，就是幅度。有很多同学在训练时，想追求更快的速度，于是就忽视了幅度，让眼睛在很小的范围内来回运动，这样速度虽然快了，但是训练的效果却并不理想。

在进行训练时，请以配套手册为准。

热身训练——眼部基础能力的练习

训练规则：首先让眼睛自然注视图4-4上方的原点，然后按照顺时针的方向，沿着圆圈快速地进行圆周运动。在训练过程中，要一直保持眼睛沿着圆线的轨迹进行旋转，并且在整个过程中只能保持眼睛运动，头不能跟着旋转。（以配套手册第3页图4-4为准）

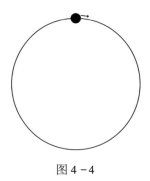

图 4 - 4

大家在训练时要双手拿着训练内容，放在距眼睛 30 厘米左右的位置，然后双目平视，千万不能过高、过低、过远或者过近，否则对眼睛都是不好的，在进行这类训练时一定要注意这一点。

这个训练比较简单，大家现在就可以体验一下。它相当于我们眼部基础训练前的热身运动，让眼睛做好准备，应对接下来的训练。这个训练每次做 1 分钟左右即可。

接下来我们来分享眼部训练里的"正餐"，一共有六个眼部基础能力训练，分别是横向之字形训练、纵向之字形训练、横向弓字形训练、纵向弓字形训练、横向八字形训练和纵向八字形训练。

横向之字形训练

横向之字形训练的内容是由左右两列黑点以及中间连接黑点的直线组成的（如图 4 - 5）。在训练的过程中，眼睛由左上方的黑点出发，沿着箭头所指的方向，在两排黑点间来回地进行快速的左右运动，一定要注意头不能动。当眼睛运动到右下角的黑点时，再按照原路返回到左上方的黑点。（以配套手册第 4 页图 4 - 5 为准）

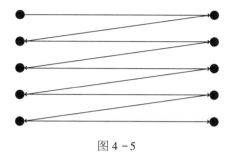

图 4 - 5

在将这项训练实际应用到阅读中时，我们的头和书要保持相对静止的状态，而眼睛要飞速地运动，从而保障阅读的速度，所以，在这项训练中眼睛左右运动的幅度要足够大。

纵向之字形训练

纵向之字形训练跟横向之字形训练非常相似，只是把横向排列的训练内容调整成纵向排列（如图 4 - 6），以训练我们眼睛的纵向灵活度和纵向眼部肌肉。这里有一个关键点需要大家在训练过程中特别注意，因为我们平时很少会让眼球上下运动，所以刚开始进行纵向运动时，眼睛会特别不适应，感觉好像眼睛不会动了，然后头就会很自然地跟着上下运动，像点头一样。所以，刚开始做这个训练的时候稍微慢一点是没有关系的，保证自己的视觉幅度足够大、眼球运动的轨迹是正确的就可以

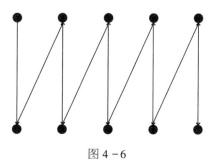

图 4 - 6

了。(以配套手册第 5 页图 4 - 6 为准)

以上两个训练每个每次需要练习 1 分钟，刚开始训练时，每分钟要达到 7 ~ 10 次左右，大家可以根据这个数值来参考和判断自己的练习情况。如果刚开始就远远超过这个数字，比如第一次就做了 20 多次，甚至更高，那么有可能是做的幅度不到位，需要大家重新检验一下。

横向弓字形训练

横向弓字形训练（如图 4 - 7），是训练横向和纵向眼部肌肉和灵活度的综合性练习。在训练的过程中，眼睛先由左上方的黑点出发，沿着箭头的方向，向右移动，然后向下移动，再向左移动。以此类推，当运动到左下角的黑点时，按照原路返回，计时 1 分钟，记录自己的次数。（以配套手册第 6 页图 4 - 7 为准）

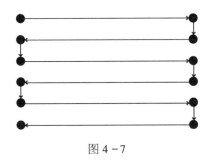

图 4 - 7

纵向弓字形训练

纵向弓字形训练（如图 4 - 8），同样是眼睛按照箭头的方向进行移动，计时 1 分钟，看自己能做多少次。（以配套手册第 7 页图 4 - 8 为准）

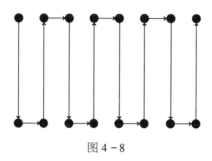

图 4 - 8

横向八字形训练

横向八字形训练（如图 4 - 9）是综合性锻炼眼部肌肉和灵活度的训练，由左上、右上、左下、右下四个点以及中间连接的箭头组成。顾名思义，就是眼球在运动的过程中，会形成一个 8 字的形状。（以配套手册第 8 页图 4 - 9 为准）

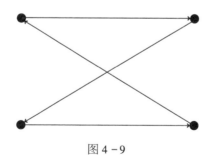

图 4 - 9

横向八字形的训练过程跟横向之字形训练相同，都是眼睛快速移动，而头保持不动，这一点大家一定要注意，即使刚开始训练时稍微慢一点也没关系。横向八字形训练也是训练 1 分钟，刚开始时，1 分钟大概可以做 30 ~ 50 次，大家可以参考这个数值。

纵向八字形训练

纵向八字形训练（如图 4 - 10）跟横向八字形训练大同小异，只是方向不同而已。（以配套手册第 9 页图 4 - 10 为准）

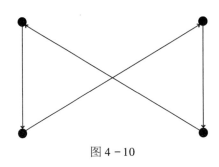

图 4 - 10

在纵向八字形的训练过程中，眼睛同样要快速移动，头保持不动。训练 1 分钟，刚开始时，1 分钟大概做 30 ~ 50 次。

以上六个训练的规则和注意事项都很简单，最重要的是这些训练都是易于操作的。在这里要提醒大家，只要是训练就必须经常练习，只有刻意练习才会有更大的收获！

一目十行的基础——视幅扩展能力

我们在前文中提到，阅读实际上是"眼动—眼停"的循环过程，我们注意到和吸收到文字信息是在眼停的那一瞬间。所以，每一次眼停时，如果我们的眼睛能看到更宽的范围和更多的文字，那么整体的阅读速度就会提高。

我们在日常阅读中每次眼停时看到的文字为 2~3 个，所以就导致眼停次数过多，从而造成阅读速度慢。

下面我们来学习一些训练技巧，以提高视幅的范围。

字母感知训练

字母感知训练一共由 5 个点和几条线组成（如图 4-11）。训练时我们首先要让眼睛自然地注视中心的原点，然后让眼睛感知字母 A，等到字母 A 清晰之后，感知字母 B，依次类推。（以配套手册第 10 页图 4-11 为准）

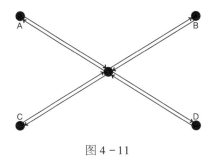

图 4-11

需要重点强调的是，在训练过程中眼睛要保持不动，一直注视中心原点。

第一轮次结束后，我们可以尝试同时感知两个字母，首先是字母 A 和 C，然后是字母 B 和 D，这是第二轮次。第三轮次是同时感知四个字母。循环进行，每天可以训练 1~2 分钟。

刚开始训练时，眼睛会不自觉地动起来，因为会觉得怎么也感知不清楚周边的字母。没有关系，只要眼睛不动，严格按照要求进行训练就可以了，因为我们眼睛的视幅能力是在一次次的训练过程中提高的，每次的训练过程要远远比结果重要得多。

扩大的矩形

扩大的矩形训练由中间的实心矩形和周围的空心矩形组成（如图 4 - 12）。通过这个训练可以让我们感受到视幅不断扩大的感觉。（以配套手册第 11 页图 4 - 12 为准）

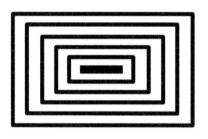

图 4 - 12

训练方法：眼睛自然地注视在中间的实心矩形上，然后用余光去依次感知周围的空心矩形，随着空心矩形不断地扩大，视幅范围也在不断地扩大。

这个训练不需要记录任何次数，只需要保证眼睛一直看着中间，然后去体验视幅扩大的感觉就可以。

扩大的箭头

扩大的箭头训练由中间的一个圆点和周围的箭头组成（如图4 - 13），

训练目的跟扩大的矩形是一样的。（以配套手册第 12 页图 4 - 13 为准）

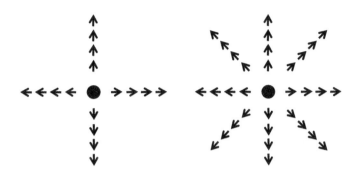

图 4 - 13

训练方法：用眼睛自然地注视中间的圆点，然后用余光去依次感知周围的箭头，从最内圈的箭头开始，逐渐扩大。这个训练需要注意的是，当外圈的箭头看不清晰时，就回到最内圈的箭头。

舒尔特表格训练

在视幅范围训练里最常见的训练项目，是舒尔特表格训练。在前文中我们用它进行的是专注力训练，在这里我们用它来训练视幅范围。

训练规则：首先让眼睛自然地注视表中的中心数字，在图 4 - 14（1）中，中心数字是 8，然后保持眼睛不动，用余光去依次感知周围的数字，按照 1 ~ 25 的顺序，依次寻找数字，直到 25。当找到 25 之后，可以按照倒序，从 25 找回到 1。训练时间为 1 分钟，也可以看一下，自己 1 分钟可以做几个来回。（以配套手册第 2 页图 4 - 14 为准）

10	22	5	17	6
25	4	11	1	9
13	18	8	16	14
2	21	15	7	19
24	12	3	20	23

（1）

16	12	3	25	7
24	15	6	20	2
13	1	8	14	5
22	18	4	11	19
23	10	21	17	9

（2）

25	12	18	4	8
13	19	1	17	14
15	5	11	6	3
2	16	20	10	22
23	24	7	21	9

（3）

4	19	25	13	7
24	12	1	18	11
5	17	8	6	14
22	15	16	9	3
2	23	10	20	21

（4）

7	25	12	19	4
23	13	1	11	14
9	15	18	5	8
24	21	2	20	6
3	22	16	10	17

（5）

9	23	13	3	22
18	21	8	12	4
11	1	6	19	24
2	15	16	10	14
17	20	5	25	7

（6）

图 4 - 14

我们会用舒尔特表格进行专注力和视幅范围这两项训练，但很多同学会混淆，在这里强调一下两个训练的区别：

在专注力训练中，要求用最快的速度从 1 找到 25，过程中眼睛是可以动的，然后记录下完成一个表格所需要的时间。

在视幅范围训练中，要求眼睛不能动，用余光去按照 1 ~ 25 的顺序找出数字，计时 1 分钟，看看能够完成多少次。

大家一定要注意这两个训练的区别。

文字矩阵训练

前几项训练主要是从视幅能力的方面展开的，文字矩阵训练则和阅读有直接关系。通过这项训练，我们的眼睛会更加适应用余光进行阅读，我们的大脑会更加适应这种群组式的阅读。

首先是四格文字矩阵，如图4－15，在训练过程中，眼睛要自然地注视表格的中心部位，然后用余光去依次感知左上、右上、左下、右下的文字，并且在训练过程中要保证眼睛是不动的。（以配套手册第13页图4－15为准）

| 伟大的 | 思想能 |
| 变成巨 | 大财富 |

| 时间是 | 财富中 |
| 最宝贵 | 的财富 |

| 有所作 | 为是生 |
| 活的最 | 高境界 |

| 自信和 | 希望是 |
| 青年人 | 的特权 |

图4－15

训练一段时间，逐渐适应这种阅读的感受之后，就需要给自己的训练增加一些挑战，加大一些难度了。

比如九格文字矩阵（如图4－16），需要的视幅范围就更大。训练方式是相同的，眼睛看中间，用余光感知周围的文字。（以配套手册第14页图4－16为准）

最大的	骄傲与	最大的
自卑都		表示心
灵的最	软弱和	最无力

学问是	异常珍	贵的东
西我们		从任何
地方吸	收都是	不可耻

你热爱	生命吗	那别浪
费时间		因为时
间是组	成生命	的东西

读书是	在别人	思想的
帮助下		建立起
属于自	己的独	立思想

图4－16

当然，如果九格文字矩阵对你来说也非常轻松，就可以继续挑战更大难度的文字矩阵，更多更难的挑战会在后面的"特种兵"训练中出现。

快速阅读也是有节奏的——阅读节奏能力

首先需要解释一下什么是节奏。当我们听到"节奏"这个词时，基本都会联想到音乐。把一段节拍组合起来，再加上一些抑扬顿挫的音阶，就形成了一段或优美，或激昂，或舒缓，或抒情的音乐。当我们的大脑听到不同类型的音乐时，会有不同的反应，因为这些不同种类的音乐表达的是不一样的内容、情感或含义。音乐还会触发想象力，带给我们不同的视听体验。比如当我们听到一段舒缓的音乐时，可能想象到的画面是在一个舒服的午后，坐在窗前，看一本一直想看的书；当我们听到一段摇滚风格的音乐时，可能想象到的画面是在足球世界杯决赛的现场观看精彩激烈的比赛。

阅读其实也是一样的，只不过书给我们带来的是视觉体验。不同类型的书，给我们传递的内容是不同的，当然就需要我们采用不同的节奏去阅读。简单来说，阅读也需要像听音乐一样，去抓住书中特有的节奏感。

下面我们从大脑的角度去看看阅读应该采用什么样的节奏，去验证一下按照节奏阅读是否具有科学道理。

在讲到影响阅读速度的因素时，提到了音读。音读大体上就是看到文字时，需要一个字一个字地按照顺序读出来，才能够明白整句话、整段文字、整篇文章的意思。这是左脑式的阅读，是偏线性的、逻辑式的阅读，这种阅读方式，不仅会受到说话速度的影响，大大降低阅读速度，严重的还会影响我们对内容的整体理解和对写作意图的把握。

所以高效阅读有一个基本概念，就是将文字进行区块划分，以行、块，甚至是页为单位去进行整体阅读，也就是通常说的"一目十行"。有的同学可能会说："如果不一个字一个字地读，能明白是什么意思吗？得联系上下文才可以。"我们来看下面这句话（如图 4 – 17），如果快速看完这句话，是不是会看成"研究表明，汉字顺序并不一定影响阅读"呢？但仔细看这句话，我们会发现文字的顺序其实是错乱的。

研表究明，汉顺字序并不定一影阅响读。

图 4 – 17

没错，在大多数情况下，汉字的顺序并不影响阅读，这就为我们破除音读的训练提供了可能性。如果高效阅读最终是以行、块，甚至是页为单位进行阅读的，那么音读的现象就会减弱，不再占据主导地位，因为我们一眼看到的是一行文字，是从整体感知理解一行文字所要表达的意思。

采用这种阅读方式，并结合一些科学的脑力和思维训练，还会同时促进左右脑的功能，让连接左右脑的胼胝体得到一定的训练。大量的文字信息会以图像的形式进入到右脑，让右脑强大的图像化机能帮助我们理解文字，取代传统的、缓慢的、线性的文字信息处理方式。

接下来给大家分享几个简单的训练方法，也是破除音读最有效的方法。

符号节奏训练

在正式进行节奏训练之前，我们需要调整一下大脑，这非常重要，因为我们已经养成了慢节奏阅读的习惯，所以需要先从符号节奏训练开始调整。

符号节奏训练能够避免让大脑产生想要去"读"的冲动，会比较容易地屏蔽掉"语言中枢"和"听觉中枢"，让大脑能够"全心全意"地享受阅读的节奏感，就好像英语不好的人在听英文歌时，不太会纠结歌词是什么意思，而是会享受音乐的韵律。

训练的方式非常简单，每看一组图形（如图 4 - 18），就在心里"嗒"一声或"嘀"一声，给自己打节奏（节拍），根据自己的喜好，选择什么声音都可以。（以配套手册第 15 页图 4 - 18 为准）

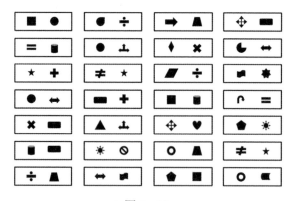

图 4 - 18

这项节奏训练需要结合自己眼肌眼动训练的实际情况展开，如果眼部运动的速度比较快，节奏就可以快一点，如果眼部灵活度稍微差一点，节奏就适当减慢。

数字节奏训练

熟悉了符号节奏训练之后，就可以进入数字节奏的训练了。一般情况下，我们从一组四位数字开始（如图 4 - 19），训练的基本规则跟符号节奏训练是一致的，找到自己的眼部运动速率，进行有节奏的节拍运动。（以配套手册第 16 页图 4 - 19 为准）

1039	3475	6546	2341
7673	9872	5457	7561
2347	0874	1235	5641
0983	1235	5645	8768
1934	9324	1237	5151
7851	6571	0824	1234
5670	1230	1324	6572

图 4 - 19

在进行数字节奏训练时需要注意一点，那就是要避免音读，不要去一组一组地读数字（即使觉得自己读得非常快也不行），而是让自己感觉到一眼看过去是清楚的，在那一瞬间知道是什么内容就可以了，不必强迫自己记忆。

数字节奏训练大概每次要进行 2 ~ 3 分钟的练习，训练过程中尽可能让自己保持在一种频率节奏下，并让自己越来越习惯这种阅读体验。

一目多字训练

通过符号和数字训练的过渡，我们就要正式进入到一目多字的训练了，这就越来越趋近于正式的阅读了。

一目四字就是一眼要看 4 个文字，在看的同时，需要在心里给自己打节拍，比如"嗒"或者"嘀"。学过音乐的同学还会接触到一种叫"节拍器"的工具，大家也可以使用节拍器来给自己打节拍，具体的节奏速度根据自己的实际情况去做调整就可以了。

这项训练的目的在于让大家慢慢习惯不去读文字，也可以看清甚至理解文字的内容，通过"嗒"或者"嘀"的声音给大脑一个干扰，对语言中枢和视觉中枢进行强制的干预。

通过这样的阅读节奏训练，会让我们养成有意识地以这种感觉来阅读的习惯，慢慢放弃一个字一个字去读的传统阅读习惯。

在一目多字训练中（如图 4 - 20），除了有节奏地阅读之外，还可以尝试在眼睛看到文字的一刹那将文字转换成图像。（以配套手册第 17 页图 4 - 20 为准）

图 4 - 20

比如，看到"门可罗雀"，就可以瞬间在脑海中呈现出"一扇大门前，人烟稀少"的画面；看到"名胜古迹"，就可以在脑海中呈现出去过的或者喜欢的一处名胜古迹。如果碰到像"宝刀未老"这种不那么容易根据意思转换成图像的词语，就可以借助想象力，想象"一把宝刀闪闪发光，一点儿都不老旧"的样子。

一目多字训练可以说是前面所有训练效果的综合体现，这里需要提醒大家的是，在刚开始做这个训练的时候，可能会非常不适应，会产生怀疑，觉得自己没办法这样看书，即使看完了也记不住。但是我要告诉大家，我们现在的阅读习惯已经养成了很多年，如果是成年人，应该已经有几十年了，想要改变一个习惯是非常痛苦的一件事，也是非常难的一件事。所以，更加需要我们坚定信念，相信自己，只有经历了这样一个过程，才会发现高效阅读的乐趣，才能够体验到非一般的阅读感受。

分享一个小故事，大概在10年前，我有一对夫妻学员，丈夫是从美国回来的留学生，妻子是一位大学英语老师，两个人一起来学习高效阅读课程。我教给他们一些破除音读的训练方法，但在上课的过程中，我发现，这位女老师一直比较排斥，不太相信这种训练能够对她有帮助，相反，那位男学员特别坚信，完全跟着课程内容进行训练。最后课程结束时，两个人呈现出完全不同的学习效果，一个阅读速度和理解率有了非常大的提高，能够达到3000字/分钟左右，另外一个则提高的非常有限，1000字/分钟左右。

所以我经常会跟学生分享一句话，"听话照做"，就是说，既然选择了改变阅读方式，选择了高效阅读，那么不妨就相信这个方法，去尝试和体验。

破除音读的训练比其他训练更为漫长，根据我的大致统计，只有阅读速度超过 5000 字/分钟时，音读才差不多完全消失。在这之前，音读还是会占据主导位置的，所以大家在训练时不必着急，放松心态就好。最重要的是，一定要将这种阅读的节奏应用到自己平时的阅读中去，学以致用，以检验学习效果。

第五章

用工具提升阅读效率

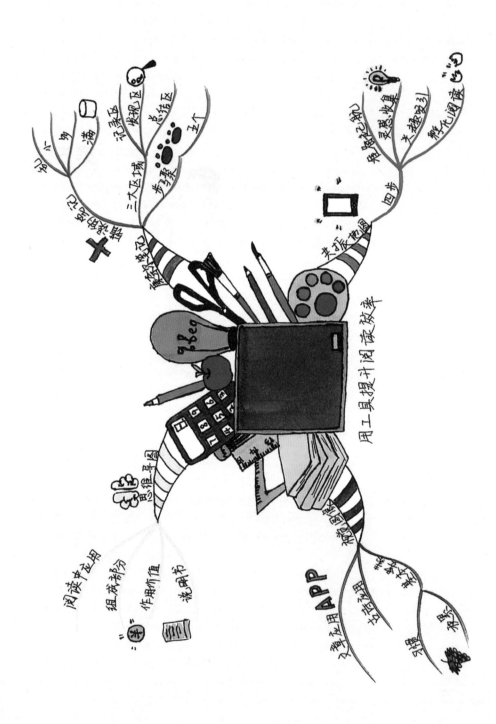

康奈尔笔记法

影响阅读效率的笔记

聪明的阅读者不仅掌握高效快速的阅读技巧，而且非常善于整理思路，善于使用笔记工具提高阅读效率、激发潜能。

框架和结构，对于记录和整理阅读笔记至关重要。没有框架和结构，记录的内容就会显得杂乱无章，使整理笔记的欲望降低，理解率也会随之降低，阅读就达不到效果，无法有效地应用书本里的内容指导自己的行动。久而久之，会形成一个恶性循环。反之，如果有很好的框架结构，就比较容易整理（包括笔记的整理和大脑思路的整理两个方面），也会更好地理解和应用书中的内容，最大化地提升阅读后的实践。

传统的、错误的、有阻碍的笔记一般有以下几类：

第一，脏乱差的笔记。这种笔记看一次就不想再看第二次，会严重影响阅读的积极性和理解率。

第二，尺寸过小的"微型笔记"。有的同学觉得小一点的笔记本比较容易携带，很方便，但是小尺寸无法在一页上展现出系统的内容，不利于我们形成思考复杂问题和系统问题的逻辑思维能力。

第三，过于"肥胖"的笔记。很多同学会觉得这也重要、那也重要，读完一章节、一本书，恨不得把所有的"关键词"都记录下来，这样就一定会加大后续整理的难度，也就影响了整理的积极性。

第四，满满的"填鸭式"笔记。在这种笔记上，会看到密密麻麻的文字，一点儿空白区域都没有。所有信息都挤在一起，也会加大复习整理的难度，而且在复习时无法抓住重点。

这些阻碍能力发挥的笔记，如果不加以改善，就会造成阅读效率低、理解能力低等负面影响。更重要的是，我们花费了时间去阅读，最后的结果却不尽如人意。

什么是康奈尔笔记法

康奈尔笔记法又叫 5R 笔记法，是由康奈尔大学的教授沃尔特·鲍克等人发明的，旨在帮助学生有效地做笔记。这种方法特别适用于制作阅读笔记，是记忆与学习、思考与应用相结合的有效方法。

康奈尔笔记系统把一页纸分为三个部分：左边四分之一左右的空间

（线索区）、下方五分之一左右的空间（总结区）和右上方最大的空间（记录区）。

康奈尔笔记的使用方法

第一，划分区域。准备一个专门的笔记本，用来进行基本记录。首先在纸上画一条横线，连接纸的左右两端，将一页纸分为上下两个区域（上下空间比例为3∶1）；然后在上半区距离左边框大约2.5英寸（不必太严格，只需要保证这条竖线偏向页面左侧部分即可）的位置画一条垂直的竖线。这样我们就把整张纸分为了三个部分，分别是左上、右上和下方（见表5-1）。

表5-1　康奈尔读书笔记

书名：	日期：
高效阅读的五大要素	能力、目标、方法、习惯、分享
（副栏：线索区）	（主栏：记录区）

（总结区）

第二，记笔记。首先在整个页面最上方写下要记录的书名（如果是课程笔记，就写下课程名称），同时记录日期，目的是让读书笔记更加系统，尤其是当我们想要重新回顾笔记内容时，会更加容易找到。

然后是最重要的部分，记笔记。注意要保持简洁，专注于记录阅读时搜索出来的关键词以及关键术语即可，比如读到"高效阅读的五大要素，分别是能力、目标、方法、习惯和分享"时，就在左边的线索区写下"高效阅读的五大要素"，在右边对应的位置写下"能力、目标、方法、习惯和分享"。也就是说左边栏是对右边栏关键词的提炼和总结，右边栏则是左边栏内容的补充。当然，在记录时可以留一些空白的地方，用于后续阅读的查漏补缺。

第三，记录中心思想。可以把一本书的中心主旨、要义以及一些例证记录在最下方的总结区，即用一两句话总结一下这页笔记记录的内容，是笔记内容的高度浓缩和升华。这个工作可以延后一点儿做，起到促进思考和消化的作用。

康奈尔笔记法的使用步骤

我们知道了康奈尔笔记的组成部分，也知道了每一个部分需要记录的内容是什么，那么康奈尔笔记法在使用时有哪些步骤呢？

第一步，记录。在阅读或听课的过程中，在右边栏内尽量多记有意义的论据、概念等内容，这些多是关键性的信息，记录时要保证清晰简洁。

第二步，简化。这一步通常在阅读或听课完毕之后进行（当然也可以边阅读边简化），将论据、概念等关键性信息概括到左边栏。

第三步，背诵。这一步非常重要，需要将右边栏遮住，只看左边栏中的提示，尽量完整地叙述相关的内容。

第四步，思考。将自己阅读或听课的随感、意见、体会等内容，与讲课的内容区分开，写在卡片或笔记本上某个合适的位置，加上标题和索引，编制成提纲、摘要，分成类目，并随时归档。

第五步，复习。很多同学以为阅读完、记完笔记就万事大吉了，把笔记扔在一边再也不看了。这种做法是非常错误的，我们既然花费了时间阅读，就要尽可能多地去记忆和理解。其实每周花 10 分钟左右，快速复习笔记即可，主要是看线索区（左边栏），适当地看记录区（右边栏）。这样的复习可以加深我们对书中内容的理解，也更加高效。

共振地图笔记法

所谓共振地图，指的是读者和书之间产生的共振或共鸣，也可以理解为"阅读地图"。通过这种笔记方式，可以将书中的信息以"可视化"的形式呈现在一张纸上，有助于掌握自己最能产生共鸣的内容，在短时间内成为"阅读达人"。

共振地图笔记法其实也是一种阅读思路和策略，接下来我们就介绍它的四个使用步骤，我为这四个步骤起了好玩儿的名字，分别是准备起航、收集灵感、兴趣吸引和孵化阅读。

在正式阅读之前，我们需要准备一些物品，包括想要阅读的书、一个"共振地图"框架和笔。大家可以先使用表 5-2 的模板作为"共振地图"的框架，熟练之后也可以自己制作。笔可以选择 12 色的彩笔，用不同颜色去区分不同的内容。

表 5-2 模板

准确起航	书名		作者		日期	
	阅读目的					
灵感收集	高：		高：		高：	
	中：		中：		中：	
	低：		低：		低：	
本书页数：			起始页：		总页码：	
兴趣吸引						
孵化阅读	记录：		记录：		记录：	
	发现：		发现：		发现：	
	总结：		总结：		总结：	

第一步，准备起航。

准备好之后，就可以正式制作"共振地图"了。首先，在"准备起航"的第一栏中写下书名、作者和阅读日期（见表 5-3），并思考阅读的目的，这点非常重要，可以一边看着书的封面，一边思考为什么要选择这本书以及想要从这本书中获取什么知识；然后，将思考的结果记录在"阅读目的"中，在思考时大家可以采用之前讲过的"四段呼吸法"，一分钟呼吸 4 次左右，能够让注意力更加集中，让大脑快速进入学习和思考的状态，激发创造性思维。

表5-3　准备起航

准确起航	书名	《给孩子的 8 堂思维导图课》	作者	姬广亮	日期	2019.5.11
	阅读目的	通过这本书，了解如何使用思维导图				

思考完阅读目的之后，我们需要记录下这本书的总页数，将总页数记录在表格第三栏右下方的位置，然后在左下方写上"1"来表示起始页码，接着将总页码分为三等份，并将页码写在相应的分隔线下方（见表 5-4）。

至此，我们就完成了第一个步骤的准备工作，大概需要 5 分钟的时间。

第二步，灵感收集。

第一步结束之后，就进入到"灵感收集"的环节。这部分跟我们以往的阅读可不太一样，我们要做的事情是随意地翻阅书籍。在翻阅的过程中，要让眼睛自动搜索信息，这样不容易被作者的写作思路限制住，我们的眼睛和大脑可以很自由地"下载"那些喜欢的信息。

通过这种随意翻阅的方式，可以使我们跟书产生"亲近感"，而且能够对书中的内容有所了解。在这个过程中，有一点非常重要，就是要事先定义一个"灵感能量"的概念。我们可以将兴趣或灵感分为三个等级（当然也可以分成更多的等级，不过等级越多越容易造成困扰），分别是高等、中等和低等。高等是最吸引自己的、最喜欢的内容，中等是一般吸引的、一般喜欢的内容，低等是有一点吸引和有一点喜欢的内容。

然后通过随意地翻阅，在书中找出 7～9 个感兴趣的地方，把每一处的页码记录下来，并将感兴趣的关键词记录在表格中，平均每栏 2～3 个（见表 5-4）。

表 5-4　收集灵感

准确起航	书名	《给孩子的 8 堂思维导图课》	作者	姬广亮	日期	2019. 5. 11
	阅读目的	通过这本书，了解如何使用思维导图				
灵感收集	高：花朵 （60 页）-2		高：厚书读薄 （95 页）-5		高：裂变单词 （185 页）-4	
	中：基本规则 （49 页）-6		中：记忆课文 （119 页）-1		中	
	低：发散思维 （35 页）-3		低		低：解题思路 （162 页）-7	

本书页数：1　　　　　80　　　　　160　　　　　241

记录完页码和关键词之后，我们还要分别为这几个关键词确定接下来的阅读顺序，不用过多地思考和判断，就看着它们，心里想着哪个排第一，哪个排第二就好，然后依次给每一个词确定顺序。

在第二步完成之后，总共花费的时间大约在 10 分钟左右。

第三步，兴趣吸引。

通过第二步，我们的大脑自动搜索了几个感兴趣的内容，这就相当于在"地图"上点了几个点，这几个点就是我们要去"游玩"的"城市"。在正式开始第三步之前，我们需要再看一下表格中的阅读目的。

接下来就可以按照确定好的顺序，翻到相应的页码。需要注意的是，这个时候的阅读也不是仔细地逐字逐句地阅读文字内容，只需要大致扫一眼即可。在这个过程中，我们可以将映入眼帘的关键词汇记录到"共振地图"上（见表5-5），这些词汇就是我们跟作者之间共鸣度较高的内容。

表5-5 兴趣吸引

准确起航	书名	《给孩子的8堂思维导图课》	作者	姬广亮	日期	2019.5.11
	阅读目的	通过这本书，了解如何使用思维导图				
灵感收集	高：花朵 （60页）-2		高：厚书读薄 （95页）-5		高：裂变单词 （185页）-4	
	中：基本规则 （49页）-6		中：记忆课文 （120页）-1		中	
	低：发散思维 （35页）-3		低		低：解题思路 （162页）-7	
本书页数：1		80		160		241
兴趣吸引	标签、耀眼、兴趣		升级、审美、意义		作战、以熟记新	
	空间、中心图		误区、流畅、盖房子			
	扩散、核心、创造力				刷题、运算、体系	

在翻开的那一页上，从里面摘抄出3~4个词汇并记录下来，记录的时候有一点需要提示大家，就是记录感兴趣的内容或者有疑问的内容都可以。

在第三步完成之后，总共花费的时间大约在15分钟左右。

第四步，孵化阅读。

通过前三个步骤，我们已经在"地图"上增加了"旅游城市"以及每个城市我们最好奇的"景点",那么接下来要做的就是到每一个"景点"里深度地游玩了。

在这之前,我们可以伸个懒腰,放松一下自己的身体,做几次深呼吸。

然后我们结合"共振地图"和书,把重点放在第三步中摘抄出的词汇上,问自己"作者是什么意思""我感兴趣的原因是什么"等问题。

在思考完毕之后,就用高效阅读的策略去阅读每一页所在的小节,然后可以结合康奈尔笔记"黄金三分法"的思路,进行读书笔记的记录(见表 5-6,具体方法参考前文的"康奈尔笔记法")。

表 5-6 孵化阅读

准确起航	书名	《给孩子的 8 堂思维导图课》		作者	姬广亮	日期	2019.5.11
	阅读目的	通过这本书,了解如何使用思维导图					
灵感收集		高:花朵 (60 页)-2	高:厚书读薄 (95 页)-5		高:裂变单词 (185 页)-4		
		中:基本规则 (49 页)-6	中:记忆课文 (120 页)-1		中		
		低:发散思维 (35 页)-3	低		低:解题思路 (162 页)-7		
本书页数:1		80	160		241		
兴趣吸引		标签、耀眼、兴趣	升级、审美、意义		作战、以熟记新		
		空间、中心图	误区、流畅、盖房子		刷题、运算、体系		
		扩散、核心、创造力					

（续）

	记录：	记录：	记录：
孵化阅读	发现：	发现：	发现：
	总结：	总结：	总结：

至此，伴随着一步步的阅读，我们就完成了"共振地图"的绘制。这种读书笔记的好处在于，我们一直在跟随着大脑的喜好，让大脑自主选择想要阅读的内容，并且记录下感兴趣和有问题的部分，这样可以提高阅读效率，更有可能把整本书完整地读完。

视觉图像笔记法

很多时候，我们的笔记都是以文字为主，偏重于理性和逻辑，但是在幼儿园阶段，几乎所有人都是靠图画来表达意思的，而不是文字。我们在前文也说过，图像是大脑的母语，通过画图的方式可以充分发挥我们的想象力，开发大脑潜能。

神经科学及认知科学领域的很多研究成果都表明，在图画与文字一同使用的时候，学生的学习能力与表达能力都得到大幅度提高。甚至我们从人类的历史来看，依靠图画记录的历史要比依靠文字记录的历史长得多。从生物学的角度来看，使用视觉图像的方式能够让我们的大脑更快地理解，更牢地记忆，更强地分析和整合。

从阅读学习的角度来看，采用图文并茂的笔记方式能够让我们的学习效率和阅读效率大幅度提高，也能让我们更容易感受到学习的快乐。

基本图形的要素

很多人觉得视觉图像笔记是很考验绘画功力的，觉得自己不会画画就不能使用这种方法。其实不然，这种笔记方式并是不靠天赋，而是靠我们的积累和习惯，只要去尝试，并且坚持去做，就可以画得很有趣。接下来分享一些简单的基本图形要素，大家可以拿出纸和笔，一起画起来！

1. 基本形状

所有复杂的形状都是由最基本的形状组成的，只要我们掌握一些最简单、最基本的形状画法（如图 5 - 1、图 5 - 2 和图 5 - 3），然后在此基础上添加一点想象力，就能完成一些非常棒的视觉图像。

| 点 | 线 | 回形 | 螺旋 | S 型 |

图 5 - 1

| 圆 | 矩形 | 三角形 | 星形 | 菱形 |

图 5 - 2

| 云朵 | 心形 | 水滴 | 闪电 | 月牙 |

图 5 - 3

2. 图形组合

掌握了一些基本形状之后，就可以将它们进行组合，完成稍微复杂一些的图形。

举例：（1）圆形和矩形的组合，如图5-4。

图5-4

（2）圆形/矩形和线条的组合，如图5-5。

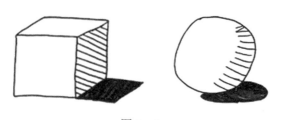

图5-5

（3）三种以上图形的组合，如图5-6。

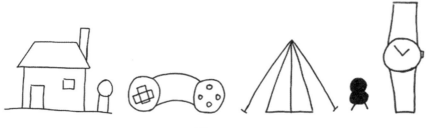

图5-6

3. 人物表情

往往觉得不太容易呈现的情绪表情，其实也是挺容易画的，关键看创意，大家可以猜猜图 5-7 的表情都是什么。

图 5-7

4. 动作行为

一些好玩儿的人物动作、行为（如图 5-8），其实也没有想象中那么难吧！

图 5-8

5. 天气现象

天气现象也是很容易的，关键要敢画，如图 5-9。

图 5-9

6. 生活物品

平时生活中常见的一些物品，也是由简单的图形组合而成的，只要我们多多观察，就一定能够画出自己的风格，如图 5 - 10。

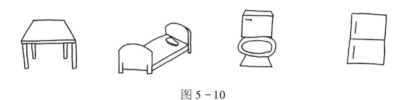

图 5 - 10

7. 美味食物

猜猜看，图 5 - 11 的美食都是什么呢？是不是只要把关键特征画出来，就很像了呢？

图 5 - 11

8. 可爱动物

看，小动物是不是也特别容易画呢？如图 5 - 12。

图 5 - 12

117

阅读中如何使用图像

积累了这么多视觉图像的素材之后，就可以将这些内容应用到阅读当中了（当然也可以用在学习的方方面面，大家要学会举一反三）。

首先我们来看看如何将这种技巧应用在古诗的阅读和记忆中，以《望天门山》为例。

望天门山

［唐］ 李白

天门中断楚江开，碧水东流至此回。

两岸青山相对出，孤帆一片日边来。

其实，当我们读到这首古诗的时候，脑海中是能够隐隐约约感受到画面的。如果能用图像的方式呈现出来，我们的阅读理解率和记忆效率就会很高。这个道理我们都懂，但是为什么很多时候做不到呢？就是因为长久以来的阅读和记忆习惯，让我们更加自然地使用文字而非图像，很容易一次次地陷入"文字的陷阱"中。

如果使用视觉图像的方式来表现这首古诗，其实非常简单，如图 5－13 所示：

图 5－13

很多同学会觉得这首古诗非常简单，并不需要那么麻烦地画出来，多读几遍自然就能够记下来了。没错，我们用传统的方式确实能够很容易地记住，但是记得快，忘得也快，而且每次在复习的时候，都像重新记忆一样，需要花费时间去理解，这就得不偿失了。而用视觉图像的方式，刚开始可能需要多花费一点时间，但是长远考虑，是"性价比"更高的方法。

我们可以用这种简单的古诗来练习视觉图像的笔记技巧，慢慢培养这种思维习惯，当习惯养成之后，就可以将这个工具应用到更高难度的阅读上来，比如阅读一段文字。

接下来我们就来练习一下，以《桂林山水》当中的一段为例。

我看见过波澜壮阔的大海，玩赏过水平如镜的西湖，却从没看见过漓江这样的水。漓江的水真静啊，静得让你感觉不到它在流动；漓江的水真清啊，清得可以看见江底的沙石；漓江的水真绿啊，绿得仿佛那是一块无瑕的翡翠。船桨激起的微波扩散出一道道水纹，才让你感觉到船在前进，岸在后移。

根据语意，我们可以将上面的文字绘制成图 5-14 的样子：

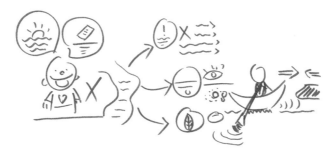

图 5-14

以上就是用视觉图像的方式记录阅读笔记，其实非常简单，只要我们敢想、敢画，就很容易掌握。

思维导图笔记法

大脑使用说明书

思维导图是一种将我们大脑中的抽象思考过程，通过"图文并茂"的发散性结构，形象化展现出来的方法。因为其功能强大，被形象地称为"大脑使用手册"，又因为它应用的广泛性，也被称为"大脑瑞士军刀"。思维导图能够有效地结合左右脑的功能，将逻辑与想象、科学与艺术结合起来，帮助我们开启大脑的无限潜能。

思维导图的发明者是东尼·伯赞先生，伯赞先生是英国大脑基金会总裁，世界著名的心理学家、教育学家。曾因帮助英国查尔斯王子提高记忆力而被誉为英国的"记忆力之父"。他发明了"思维导图"这一简单易学的思维工具，被誉为"世界大脑先生"。

伯赞先生在很小的时候，非常喜欢学习，也非常喜欢记笔记。在他十几岁的时候，成绩却一落千丈。他发现了一个奇怪的现象，就是笔记记得越多，学习成绩和记忆力反而越差。为了改善这种奇怪的状况，他开始研究大量的名人笔记，后来发现这些名人笔记都有一个共同的特点，就是"图文并茂"。于是他开始优化自己的笔记，在关键词语和句子下面画上红线，并将重要的知识点画上方框，经过一段时间后，他惊奇地发现自己的记忆力居然提高了。

尽管如此，大学一年级的时候，伯赞先生依然被记忆和考试的难题困扰，于是他又继续升级自己的笔记，在笔记上加了一些图像，又用到了一些线条，并且把这些线条连接起来，然后把关键性的信息写在线条的上方。

通过不断地发明和演化，思维导图的雏形逐渐展开，伯赞先生的学习成绩也在不断地飞升。他渐渐发现，如果让大脑的各个部分协同工作，工作和学习效率将会更高。毕业后，伯赞先生以兼职教师的身份开始了思维导图推广事业，他专门教一些"问题学生"和"不良少年"，教学效果非常明显，于是他开始出版书籍、做节目，希望让更多人了解思维导图。

经过多年的努力，伯赞先生与他的思维导图风靡全球！英国《泰晤士报》曾经评价："东尼·伯赞让人类重新认识了大脑，就好像史蒂芬·霍金让人类重新认识了宇宙一样！"

思维导图无处不在

微软公司的创始人比尔·盖茨曾经说过："思维导图能够将众多的想法和知识连接起来，并有效地加以分析，从而最大限度地实现创新。"

思维导图可以说无处不在，它几乎可以应用到生活、工作和学习的方方面面。

对于学生来说，思维导图的主要作用在于：

- 将左脑的逻辑思维和右脑的形象思维进行连接；
- 激活大脑的创新能力；
- 建立可视化的"学习笔记"和"阅读笔记"；
- 高效预习、听课和复习；
- 提高记忆效率，彻底摒弃死记硬背的痛苦；
- 构思写作思路，实现快速写作；
- 进行时间规划、制订学习计划；
- 帮助我们成为分析问题和解决问题的高手，进行全局性思维；
- 帮助我们有条不紊地推进学习，成为"学霸级"人物。

思维导图的组成部分

《第五项修炼》的作者彼得·圣吉曾说："要想培养一种新的思维方式，首先要学会一种新的思维工具，这样才能够通过这种工具去帮助我们养成新的思维方式。"所以，想要更好地使用思维导图，首先要知道思维导图到底是一种什么工具，由哪些部分组成。

思维导图一共有五个重要的组成部分，分别是：中心图、分支、关键词、关键图和颜色。

中心图

中心图是整幅思维导图中最大的图像（如图 5 - 15），处于最中心的位置，主要用来表达整幅思维导图的中心思想，相当于一本书的题目。

中心图不是随意绘制、编造出来的，它是由要表达的内容决定的。如果我们读的是《西游记》，那么中心图就可以画成"唐僧师徒"，如果我们读的是《哈利波特》，中心图就可以选择画"哈利波特"的形象。总之，中心图一定是整幅思维导图最核心的内容，也是整本书最核心的内容。

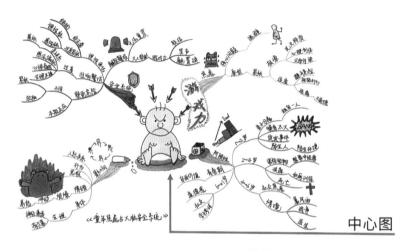

图 5 - 15　思维导图范例

分支

分支是撑起思维导图最重要的结构，相当于思维导图的"骨架"。如果将思维导图比作一棵大树，那么分支就是这棵大树上的一个个"枝条"。分支可以分成主干分支和其他分支，其中主干分支是与中心图相连的（如图 5 - 16），并且表示与中心意思关联性最大的内容，与主干分支相连的是二级分支，然后是三级分支、四级分支等，分支的数量是由内容的多少决定的。

图 5-16

关键词

关键词是能够表示重要信息的词语，主要用来精准地表达分支上的核心思想，关键词一定要写在分支的正上方，并且尽量贴近分支来书写，如图 5-17。

图 5-17

关键图

关键图是零散分布在思维导图中的一个个小图像（如图 5 - 18），它们是思维导图中的"记忆标签"，帮助我们更牢固地记忆关键性的信息。

图 5 - 18

颜色

思维导图最后的一个组成部分是颜色，颜色是通过眼睛、大脑和生活经验所产生的一种对光的视觉效应。我们每个人喜欢的颜色各有不同，大脑对每一种颜色的心理反应也不一样。在思维导图中，不同的颜色也会给我们的大脑带来不同的刺激和冲击，能够让整幅思维导图更加有活力，让我们的注意力更加集中，最重要的是能够将信息进行分类，辅助理解和记忆。如图 5 - 19。

图 5 - 19

如何通过思维导图提高阅读效率

上面我们简单了解了思维导图的构成部分，接下来，我们就聚焦到如何用思维导图来提高阅读效率这个问题上。

下面以《游戏力》这本书为例进行分析。图 5 - 20 是《游戏力》第三章内容的思维导图，标题是"加入孩子的世界"。

首先，画中心图。我们用图像来代替这章的中心内容，在最中间画一个地球和三个小朋友，非常直观，一目了然。这样就能够保证我们在回忆或者再次看到这幅导图时，可以马上回想起这一章讲述的中心内容是什么。

其次，画分支。跟中间这幅图连接的一共有 6 条弯曲的主干线条，很明显，也就是这一章一共有 6 大部分，分别是"重返童年""伸出援手""放下身段""游戏能力""父亲责任"和"调频"，这样就会让我们的大脑中有一个整体的框架，了解内容的全貌，从整体去感知和理解。
然后由这6个主干内容出发，分别引申出下一级、再下一级的内容，这
样我们就清晰地知道了每一个小部分分别有哪些重点内容以及内容和内
容之间的逻辑关系是什么。

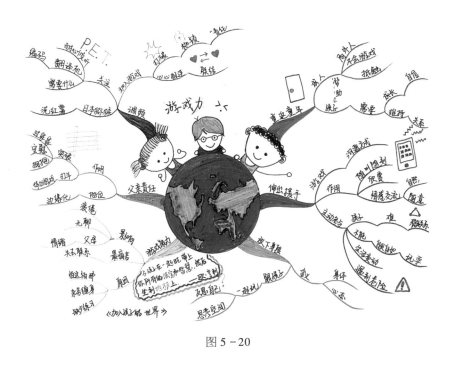

图 5-20

再次，写关键词。我们能够看到在每一个分支上面都会有文字，这
些文字就是关键词，这里就要用到关键词提取方法了，在第六章中会详
细说明。

最后，涂颜色。在导图上还有其他的内容，比如分支被涂成了不同
的颜色，关键词旁边会有一些小的关键图，这些都是能够帮助我们更好
地记忆和理解的元素，因为我们的大脑天生就喜欢色彩，喜欢图像类的
信息。

　　这里要强调一点，在使用思维导图时，画出导图只是最终的一个呈现方式，更重要的是需要借助导图去养成这种思维模式，并应用到阅读中。我们可以边看书，边在大脑中构思和绘制思维导图，等到书都看完之后，一幅虚拟的思维导图就能够在脑海中大致绘制完成了。当然，这项能力也是在阅读和练习的过程中不断提高的。

第六章

学习中如何进行高效阅读

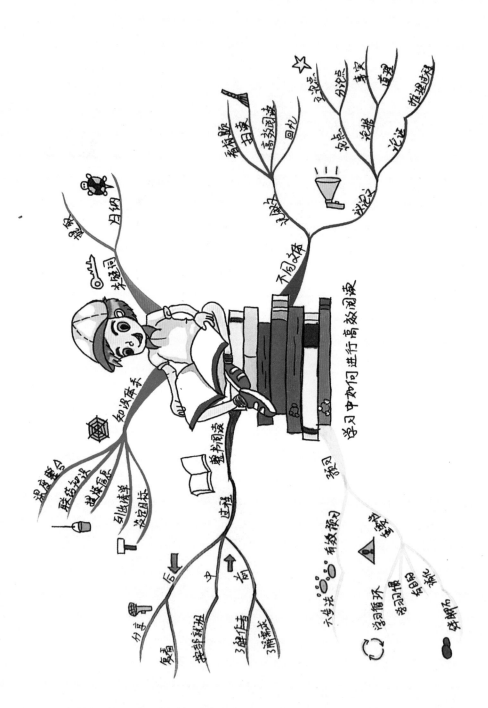

学习中如何进行高效阅读

关键词提取训练——提高阅读效率的保障

什么是关键词

关键词就是能够描述事物本质的词语，也就是一句话、一段文字中最核心、最重要的内容，是需要我们重点关注的内容。这个概念有点抽象，我们来做一个类比，如果想要在网上查某一方面的知识，我们会在搜索栏中输入一个或者几个能够帮助我们找到这个信息的词语，很少会输入一大段文字。如果想搜索一下思维导图在学习当中的应用，那么输入"思维导图"和"学习"两个关键词就可以了；如果想了解一下初中阶段需要学习的单词都有哪些，只需要输入"初中单词"这个关键词就足够了。这就是关键词，能够帮助我们揭示出一段内容的核心。

关键词的归纳和提取

首先分享两个关键词归纳和提取的游戏。

第一个游戏：用三个词语，描述一下现在的自己，比如我会用"爸爸""学习""困境"这三个词来描述我当下的状态。大家可以试着练习一下用三个词语进行描述，这个游戏不仅能够锻炼关键词提取的能力，还能让我们更加了解自己。

第二个游戏：用三个词语，描述一下最亲近的人。这个游戏是第一个游戏的延伸。

这类游戏可以非常好地帮助我们提高关键词的归纳和提取能力，大家可以在日常生活和学习中随时随地进行练习，比如用几个词语描述总结一个事物、一个人或者是一件事情，一般情况下词语尽量不要超过5个。

游戏结束，接下来进入正式的关键词提取训练，大家要牢记一点，在多数情况下，一句话里面，关键词基本上是名词或者动词，有时候会有极少数的形容词等其他词语。总之，关键词通常是那个被修饰的词语。

下面来找一找几组信息的关键词。

第一组：漂亮的花环
关键词：花环，因为"漂亮"是来形容"花环"的。

第二组：手机是高科技产品
关键词：手机，因为"高科技产品"是用来描述"手机"的。

第三组：北京的超级便利店

关键词：便利店，如果再精简一下，就是一个字"店"，因为"北京""超级""便利"都是用来形容"店"的。

上面的训练非常简单，只是给大家热热脑，接下来我们进行一些长句子的练习。

第一句：他的耳朵白里透红，耳郭分明，外圈和里圈很匀称，像是一件雕刻出来的艺术品。

如果在这句话中提取两个关键词，是什么呢？没错，是"耳朵"和"艺术品"。检验关键词是否正确其实很简单，就是在找出关键词后，把关键词进行还原，看看通过关键词我们是否能够回忆起整句话就可以了。显然"耳朵"和"艺术品"是可以做到的，大家可以尝试一下。

第二句：人的本能是追逐从他身边飞走的东西，却逃避追逐他的东西。

这句话中的关键词只有一个，就是"本能"，其他信息都是用来形容"本能"的。

短句和长句的关键词提取能力是最基础的，当然也是可以通过训练提升的。所以大家一定多做一些这方面的训练，时间一长，就会发现自己在阅读时关键词的提取能力有了大幅度提升，阅读速度和阅读效率自然也会有很大的提升。

短文中如何提取关键词

接下来我们分享一下如何在一大段文字中快速定位，提取关键词。这里涉及一个知识点，就是在段落文章中，什么样的词语是关键的、有用的。我们将用到前面提到的"5W2H"关键词提取法，也是很多企业、职场人士会采用的一种工作方法，我们当然可以进行迁移，把它用到我们的学习中来。

下面我们举几个实际的案例，来练习一下。

我们先来看一小段文字：

植物能吃虫。夏天，沼泽地带常常可以看到一种淡红色小草，这就是会捕捉飞虫的毛毡草。毛毡草的叶子上有 200 多根小绒毛，这些小绒毛能分泌出一种黏性很强的液体，这种黏液还含有一种很甜的味道和香气，小虫子一闻到这种气味，就急急忙忙地飞来，一旦落到它的叶子上，就会被牢牢地粘住。经过 1 ~ 2 小时，小虫子就被叶子消化吸收掉了。

如果需要从这段文字中提取关键词，要提取哪些呢？我们一句一句来看，分别是"沼泽地""小草""毛毡草""叶子""小绒毛""液体""小虫子""气味""粘住""1 ~ 2 小时""消化"。我们可以检验一下，把这些关键词连起来，同时根据每一个关键词联想相关的内容，看看能否很好地还原这段文字。其实是可以的，但是有一个问题，就是关键词稍微有点多，而且里面有一些是重复的，比如"小草"和"毛毡草"，我们可以尝试再进行合并、缩减，变成"叶子""气味""虫子""消化"，这样是不是就对这段文字内容一目了然了呢？

这个案例是小学三年级的考试内容，短文的题目是《奇妙的植物世界》，考的就是提炼关键词。

下面我们来进行一个更有难度的练习，这是一段说明性较强的文字：

据报道，我国国家图书馆浩瀚的馆藏古籍中，仅 1.6 万卷"敦煌遗书"就有 5000 余米长卷需要修复，而国图从事古籍修复的人员不过 10

人；各地图书馆、博物馆收藏的古籍文献共计 3000 万册，残损情况也相当严重，亟待抢救性修复，但全国的古籍修复人才总共还不足百人。以这样少的人数去完成如此浩大的修复工程，即使夜以继日地工作也需要近千年。

这也是一道考试题目，要求考生从中提取出四个关键词。通过这道题目，跟大家分享一个关键词的提取方法——线索法。线索法就是先明确描述的话题，然后在文字中寻找描述话题的谓语，再连词成句，最后筛选和提取关键词。

我们看一下如何用线索法来分析上面这段文字。

第一步，明确话题。文中讲了两个内容，一个是古籍，一个是人才。

第二步，寻找描述话题的谓语。文中描述的是古籍残损严重，需要修复，但人才数量不足，很缺乏，所以有两个谓语，修复和缺乏。

第三步，连词成句。馆藏古籍亟待修复，人才非常缺乏。

第四步，提取关键词。分别是"古籍""修复""人才""缺乏"。

如何高效阅读不同的文体

有很多学习高效阅读的同学会有这样的疑问，是不是只用一种阅读技巧就可以了？是不是不同的内容可以用同样的方法进行处理呢？答案是否定的。针对不同的文体形式，我们要采用不同的阅读策略，这样有助于养成更好的阅读习惯，也有助于提高阅读效率。下面我们就针对两种常见的文体分享一些不同的阅读技巧。

记叙文的阅读技巧

首先我们来了解一下记叙文的阅读技巧。

第一步，先看标题。标题可以说是整篇文章最重要的信息了，但是往往很多同学都是简单地看一下，然后马上投入正文的阅读。这是不对的，一定要让大脑"停顿"一下，思考一下自己对这个内容理解多少，有没有不理解和不明确的地方，然后我们的大脑就会自动带着这样一个疑问进入到阅读中，并自动地进行关联性阅读，因此理解程度就会有很大的提高。看标题所有人都会做，但是不是所有人都会在看完之后去想一下呢？这个不起眼的小小的动作，会让我们的阅读变得更加高效。

第二步，扫读一遍，也就是快速浏览一遍，可以非常形象地概括为"雨刷阅读法"。顾名思义，就像雨刷器一样，迅速地扫描，然后再全面地了解一下文章大体上讲的是什么内容，甚至在看完一遍之后，只用一句话对这篇文章进行概括，说出什么人，在什么时间、什么地点，做了一件什么样的事，这个事情的结果是什么。如果没办法概括出来也没有关系，因为在这个步骤里我们只是去了解一下。

第三步，进入高效阅读的层面，利用一目多字的阅读方式，配合有节奏的阅读技巧，在阅读过程中快速抓取关键词，从而进行快速、高效的阅读。在这里跟大家分享一个小技巧，如果开始的时候觉得自己的专注力还不够集中，在阅读时容易丢字落字，可以采用视觉引导的办法。最简单的就是用手指引导的技巧进行阅读，随着专注力的不断提升，就可以不用借助辅助引导了。我们可以回忆一下，小时候在看书的时候，是不是会用手指去指着读，其实这是一个非常棒的引导阅读的方式。

第四步，回忆。这是我们在阅读完要做的非常重要的一步工作。很多同学往往读完一本书或者一篇文章后就放下了，不管了，这是不对的，因为我们的大脑是会遗忘的，而且遗忘速度非常快，所以一定要在刚刚阅读完毕之后进行回忆和复习，这样才能够保证阅读的效率。回忆和复习的最好方式是马上跟别人交流和分享，把新学习到的内容以及自己的心得体会说给别人听。

如果身边没有可以马上交流的人，就要快速记录下关键词，绘制成思维导图进行回忆复习。

以上就是记叙文的阅读过程，绝对不是学完了高效阅读，拿来一篇文章就直接用技巧去浏览，然后就去答题，一定要有一个完整的阅读过程，每一步都有不同的目的和意义。最重要的是，要试着用相同的时间，比别人多看几遍。其实我们不用过分强调阅读速度有多快，而是要把重点放在阅读效率和理解率的提升上。比如别人看一篇文章需要 10 分钟，而我们用 10 分钟却可以看 3 遍、4 遍，虽然时间是一样的，但是效率完全不同。当然，随着不断地练习，用更短的时间看 1 遍也同样可以提升效率，到那时候，速度和效率就比翼齐飞了。

接下来我们以《空城计》为例，来实际体验一下记叙文的四个阅读步骤。

空城计

话说三国时魏国的名将司马懿占领了街亭以后，亲自带领十五万大军向西城这个地方来了。

这一天，诸葛亮正和部下商量怎么抵抗的事，忽然探子飞马来报：

"司马懿带领十五万人马朝西城打来。"这时候，诸葛亮身边并没有大将，只有一些文官，他所带的五千兵有一半是运粮草的兵，不能打仗，司马懿的兵一到都吓得心惊胆战，不知怎么办才好。诸葛亮到城头一看，果然尘土飞扬，魏兵分两路向西城杀来。诸葛亮传下命令把所有的旗子都藏起来，城里的人不许随便出入，也不许大声说话，把四面城门全都打开，每个城门口用二十个老兵扮成老百姓的，拿着扫帚打扫街道，如果魏兵到了不许乱动。诸葛亮吩咐完了，自己把讲究的鹤毛大衣一披，带上丝织的头巾，领着两个小童儿上了城楼，坐在城楼上喝酒弹琴。

工夫不大，司马懿的魏军来到了城下，一看这种情况，都不敢前进了，连忙报告司马懿。司马懿在马上远远望过去，果然看见诸葛亮坐在城楼上，满脸笑容，喝酒弹琴，轻松自得，没事人一般。司马懿看了，心里非常疑惑，连忙下令叫军队向后撤退。司马懿的儿子司马昭问："为什么要撤退？是不是诸葛亮没有兵故意做出样子来迷惑我们？"司马懿说："你小小年纪懂得什么，诸葛亮一向小心，从来不做冒险的事儿。他在城楼上一坐，四门打开，里面一定有埋伏。我们如果进去，就中了他的计，快快后退四十里！"司马懿的兵后退了。

诸葛亮见司马懿的兵马撤退了，拍手大笑起来。左右的官员都很惊奇，就问诸葛亮："司马懿是魏国的名将，如今带了十五万大军攻打过来，见了丞相为什么退得这样快？"

诸葛亮说："司马懿知道我一向很小心的，绝不敢冒险。今天我把城门大开，他就会怀疑我有埋伏，所以他很快地撤退了。其实我倒不想冒险，实在是不得已，我才用这个办法的。"部下听了都很敬佩他，说他无论什么时候都能想出办法来。

第一步，先看标题，然后让大脑"停顿"一下，问自己之前知不知道这个典故，或者有没有听过这个故事。

有的同学可能听过，大概知道这是谁与谁之间发生的事情，脑海中会快速调取这方面的知识储备。从记忆的角度来说，就是从长时记忆中调取记忆配合文字的阅读，共同形成本次学习的记忆。也有的同学可能不知道，那么大脑就会产生疑问："空城计是什么意思呢？一座空空的城市还是什么？"这时大脑会产生好奇，想要去了解这篇文章到底讲的是什么。所以，无论如何，都要让你的大脑"停顿"一下，去思考一下标题，然后再进行正文的阅读。

第二步，用"雨刷阅读法"从头到尾快速浏览一遍。因为是记叙文，在快速浏览时，着重去看人物的名字、时间、地点等关键性信息即可，通过这样的浏览，大概了解文章的内容。

第三步，用高效阅读的技巧进行阅读。在这里要注意阅读的节奏和视幅范围，也就是说用什么样的节奏和多宽的视幅来进行阅读。大家可能一行需要看3眼，或者4眼，每次眼停看5~6个字，这都是可以的，不用强求，按照自己的能力去调整即可。比如，可以用"嗒—嗒—嗒"的慢节奏，也可以用"嗒嗒嗒嗒"的快节奏，都是没有问题的。

在高效阅读的过程中，我们的专注力要非常集中，眼睛和大脑要完美地配合起来，眼睛快速抓取关键词，大脑快速地进行整合和信息的处理。

第四步，在看完一遍之后，总结出关键词，简单地绘制成一幅思维导图。文章分为五个段落，第一个段落的关键词有"三国""司马懿""街亭""十五万"和"西城"，第二个段落关键词比较多，有"诸葛亮""探子""大将""城头""旗子""城门"等。每个人在归纳梳理时会有不一样的地方，只要保证一个原则，就是当你看到这些信息的时候，能够在大脑中将这些关键词串联起来，形成完整的故事，就可以了。

以上就是关于记叙文的阅读技巧，核心就是按照四个步骤展开阅读。接下来我们来看一下议论文应当如何快速高效地阅读，其实差异并不会很大，只不过每一种文体在阅读时有自己的一些侧重点而已。

议论文的阅读技巧

议论文又叫说理文，是一种剖析事物、论述事理、发表意见、提出主张的文体。作者通过摆事实、讲道理、辨是非等方法，来确定其观点正确或错误，提出或否定某种主张。提到议论文的阅读技巧，就必须要了解清楚议论文的结构，在一篇议论文当中都有哪几部分内容。在定义中其实也有概括到，一篇议论文包括三大组成部分：论点、论据和论证。

第一，论点。论点就是作者想要阐述什么，主张什么。一般情况下有两种，一个是主论点，一个是分论点。论点出现在文章的哪个地方非常关键，因为这关系到我们在阅读时的注意力应该指向哪里。在一篇议论文中，主论点一般出现在标题、开头和结尾，所以，在阅读议论文时我们就要注意这几个地方。当我们拿到一篇议论文时，阅读的策略是先看标题，然后看开头，最后看一下结尾，这样就很有可能抓住论点，抓住文章的核心。应该怎么找呢？在"总之""因此""总而言之""由此可见"等总结性文字的后面，往往就是论点。

第二，论据。通常情况下，论据分为两种，一种是事实论据，一种是道理论据。事实论据包括事例、数据、历史资料等，而道理论据主要是科学理论、名人名言、警句格言、公理公式等。在阅读论据部分时，我们需要快速提取一些数字信息、人名信息等客观内容，在阅读策略方面有所侧重。

第三，论证。论证是作者在证明观点时的推理过程，我们在阅读时提取出的关键词就是作者推理的过程。在这一部分，阅读时需要抓住的是上下文之间的逻辑关系，也就是作者的思路，看书也好，看文章也罢，其实就是在找自己和作者的相同之处和不同之处。

我们在读一篇议论文的时候，要随时在脑海当中判断当下看的内容属于哪个部分，是论点、论据还是论证，不要小看这个过程，这就是思路，就是阅读的策略，会帮助我们理解文章，并且建立系统完善的逻辑体系。

接下来我们以《功夫在课外》这篇文章来举例说明一下。

对于某些同学来说，作文难，难于上青天。谓予不信，请看——

镜头一：某生在作文课上，啃着笔头，冥思苦想长达三十分钟之久，最终将语文课本第一课抄在作文纸上。

镜头二：某生考试时写一篇题目为《高尚道德不能无》的作文，曰：

"今年的 7 月 1 日，香港顺利地回到了祖国的怀抱。我国各族人民都要有一个新的认识。从现在开始，要有一个高尚的道德品质，在澳门回到祖国怀抱时，要有一个崭新的面貌。"

看了这两个镜头，大家也许会觉得可笑。一笑之余，是否能看出点什么呢？俗话说，"巧妇难为无米之炊"，上面两个学生没有生活储备，因而写不出有血有肉的文章来，只能是抄课文或东拉西扯，甚至把高尚的道德品质和香港、澳门的回归死拉硬拼在一起。这样胡乱拼凑的大杂烩，恐怕没有人喜欢品尝吧。

陆游曾说过："汝果欲学诗，功夫在诗外。"试想屈原如果不是在流放时，深入地了解当地人民的生活与疾苦，哪有《离骚》这样的旷世名篇问世呢？哪有"路漫漫其修远兮，吾将上下而求索"这样的名句流传千古呢？写诗是这样，写其他的文章也不例外。蒲松龄落第后，奋然写落第自勉联以激励自己。他为了写出好的作品，就在路边开了个茶铺，路人要喝茶，只要给他讲一个故事就可以了。他听了十几年的故事，搜集了大量的写作材料，终于写出了《聊斋志异》，成为我国文学史上的一朵奇葩。

可见，有米下锅，巧妇就好为炊了。写作的功夫主要不在课内，而在课外。我们课内所学的只是一些最基本的骨架，真正要使文章"活"起来，使之有血有肉，那还得靠课外的功夫。只要把目光投向社会与生活，勤于搜集材料，储备材料，就会变"没啥写"为"写不完"了。

多一份热情去投身生活，多一份理智去感悟生活，去捕捉生活的闪光点，只有把功夫下在课外，才能给你带来喜悦与成功。

首先我们来尝试寻找论点，刚才分析过，论点一般在标题、开头和结尾的位置，那么我们先来看标题——《功夫在课外》，这就很明确地表达了作者的观点，但是我们会有一个疑惑，什么的"功夫"在课外呢？下面我们带着这个问题来展开阅读。

第一段，"对于某些同学来说，作文难，难于上青天"，其中，作文难是一个学习现象，我们也就知道了整篇文字要论证的是什么问题，同时也印证了标题的论点，整合起来，作者的论点就是"写作文的功夫在课外"。

在第二段和第三段中，作者描述了两个镜头，这时我们的大脑就要迅速做出判断，这属于哪个要素？很明显，就是论据的部分。作者给出了两个场景的案例，我们就带着阅读论据的策略去读，着重抓取数字、人名等客观信息，那么这部分的关键词就抓取到了"作文课""三十分钟""课本第一课"等。

作者抛出了论点，又给出了两个案例，接下来第四段就是论证的过程了，该去分析为什么写作的功夫在课外了。所以我们在阅读时的侧重点要放到逻辑层面，去抓住作者写作的思路和脉络。首先作者觉得这两个镜头是"可笑"的，"可笑"就是第一个关键点，然后再看，第二个关键点是"生活储备"。把这两个关键点联系到一起：为什么会可笑呢？因为没有生活储备，这是有逻辑关系的。

作者既然觉得没有生活储备就写不出好文章，就要给出一个论据来证明自己的这个分论点，所以第五段很自然就又到了论据的部分了。首先是引用"陆游"的观点，然后分别列举了屈原创作《离骚》的例子和蒲松龄创作《聊斋志异》的例子。作者通过三位古人的论据，来证明想要写出好的作品，就要把功夫放在课外，而不是课内。

第六段和第七段内容是作者的一个结论，这里就不做具体分析了。

我们可以通过思维导图（如图 6 - 1）来整体梳理一下，就会更加清晰。现象（作文难）——论点（写作文的功夫在课外）——论据（两个案例）——分论点（巧妇难为无米之炊，有生活储备才能写出好文章）——论据（列举三位文学家的例子）——结论（扣题说明写作的功夫在课外）。

图 6 - 1

最后我们总结一下，在阅读议论文时，要根据不同的要素，采取不同的阅读策略，抓取不同类型的关键词，就能够非常容易地抓住议论文的整体结构和脉络，以及核心内容。

如何使用高效阅读策略进行课文预习

语文学习的过程

从古至今，语言文字是最重要的交际工具之一，是人类文化的重要组成部分。它不仅传承着中华民族灿烂辉煌的文明，也是中华文化的一个重要载体。

语文是一切教育的基础，没有语文就没有其他的学科教育。语文的学习可以简单地分成预习、听课、总结三个环节，这三个环节看似非常简单，但是很多同学并不理解这三个环节的真正意图。预习课文是通过阅读让自己跟作者建立联结的过程，去找到自己和作者之间世界观、价值观的不同，从而让自己能够多元地看待问题；听课是通过预习发现的问题，跟老师建立联结的过程，去发现自己对作者意图的理解和老师的理解有哪些相同之处，有哪些不同之处；总结则是将作者、自己和老师三个人的思想进行整合，从而让自己重新看待一篇课文或文章。这才是这三个环节真正的目的。简而言之，语文学习就是通过不断地联结，去帮助自己形成价值观的过程。

预习的重要性

在这三个环节中，预习是重中之重。预习得好，听课和复习自然就顺利，预习得不好或者根本没有预习，则听课效率会变低，总结就更会大打折扣了。

从实际的层面来说，预习有四大好处：

　　第一，消灭听课的"绊脚石"。如果没有预习就上课，经常会出现上课听不懂、不理解、跟不上的情况，这样就会打击听课的积极性，容易产生"反正都听不懂，还不如下课再说"的想法，久而久之，就无法养成良好的听课习惯。

　　第二，有目的的听课能够提高听课质量。通过预习能够让我们提前了解课文，对课文有一个基本的认识和体验，也能够发现自己不理解和不明白的地方，这样就能够带着疑问听课。

　　第三，养成独立自主的学习习惯。平时同学们面临的各方面压力都非常大，有来自父母的，有来自老师的，好像所有人都会跟自己说"学习是你自己的事""你要对自己负责"之类的话。其实，每个同学都清楚地知道学习是为自己而学，只是不知道从哪里开始为自己"负责"而已，而预习就是一个为自己的学习负责的开始。

　　第四，形成积极、良性的学习循环。预习是整个学习的开始，正所谓万事开头难，头开好了，后面的学习就水到渠成了。所以，良好的预习可以帮助我们形成一个良性的学习循环，形成一个好的闭环。

什么才是有效的预习

　　大多数同学在预习时做得最多的一件事可能就是把课文读几遍，看到不认识的字和不理解的词查一查字典。相比之下，这种同学已经算是很好了，但是这种预习的效果并不明显，白白浪费了时间。

　　有效的、完整的预习应当如何做呢？也就是说如何使用高效阅读的策略展开预习呢？应当有这样的几个步骤：

第一步，查找资料，了解作者及创作背景。

俗话说"知此知彼，方能百战百胜"。预习也是一样，在正式阅读文章之前通过查找资料的方式了解作者信息以及创作这篇文章的时代背景，对更深入地理解文章会有很大的助力作用。

第二步，浏览课后题，寻找阅读的侧重点。

课后题往往就是课文学习的重点，也是老师可能会讲到的重点内容，先了解课后题有什么，更容易带着问题进行阅读，提高理解效率。

第三步，用雨刷阅读法扫描全文，整体感知内容。

通过前两步，实际上我们对文章会有一个大致的把握和简单的了解，然后通过雨刷阅读法进行快速浏览，进一步对课文建立一个整体的感知。

第四步，用符号法标注出生字词和关键词。

用雨刷阅读法阅读后，再用独特的符号法将课文中的生字生词、关键词语标注出来，实际上可以让自己再次扫描一遍文章。

第五步，用高效阅读技巧通读文章。

到这一步，我们才开始使用高效阅读的一些技巧进行正式阅读。在正式阅读前，我们已经做了四步的工作，阅读效率一定会大大地提高。

在这一步可以有节奏地阅读，用一目多字的阅读技巧通读 2~3 遍（根据自己的实际情况）。

第六步，用符号法标注出关键句、中心句和文章结构。

在高效阅读 2~3 遍后，用符号法标注出关键的句子和课文的段落结构，更加清晰地理解整篇文章的逻辑性和结构性。

这就是使用高效阅读的技巧进行语文课文预习的过程，熟练掌握这个方法之后，每篇课文的预习时间不会超过 15 分钟，但是效率却会得到极大提高，进而提高整体的学习效率，节省我们的时间。

如何快速高效地阅读一整本书

当我们拿到一本书时该怎样进行阅读呢？接下来从阅读的步骤和阅读的重点这两个角度进行说明。

阅读的步骤

很多同学可能会觉得从翻书开始就是阅读了，但是实际上并不是这样的。从时间的角度可以把阅读分为三个步骤，分别是阅读前、阅读中和阅读后，大多数同学只在乎"阅读中"这个环节，而忽略了"阅读前"和"阅读后"。

阅读前：知己知彼

在阅读前我们应该做什么呢？我总结出来八个字：知己知彼，百战百胜。如果把阅读比作一次战争，我们就要先了解自己和这本书，才能够更好地在自己、书和作者三者之间建立联系。

首先要了解自己的需求，也就是为什么要看这本书？阅读这本书想要得到的知识是什么？这一点要非常清楚，不能盲目地拿一本书来看。漫无目的地读书，很难抓住阅读的重点，容易出现一本书看了前几页就放下，再也不看了的现象。读书的动机不强，就很难坚持阅读完。

然后要了解自己的实际能力，包括识字量、理解能力等，明确自己适合看什么样的书。比如明明英语水平还不足以支持阅读整本书，却心血来潮地找来一本外文书看，就很难坚持读下去，更谈不上理解了，这种阅读是没有什么意义的。

接下来要了解自己的实际情况，最重要的是时间，明确当下有多少时间用来阅读。有时我们会有种冲动，看到一本书的封面特别好，就觉得特别想看，不管接下来自己有多少时间，结果只是寥寥草草地翻翻书，或者干脆把书放到一边了。等这个热度过去之后，再回头把这本书拿出来看的可能性就很小了。很惭愧，我也经常容易这样，很冲动地买一些书，却没有时间看，这也是对书的不尊重。

最后要了解书和作者。比如在阅读名人传记方面的书时，就需要更多地了解作者信息，可以先上网搜索相关内容，再阅读这本书，代入感就会比较强，有了知识积累和储备，理解起来就会更容易；在阅读历史、小说等方面的书时，要更多地了解作者创作的背景，知道了当时的大环境是怎样的，对于我们理解作者的处境和书中的内容会有很大的帮助；在阅读综合类的书时，要先了解行业的相关知识，拿我自己来说，我在看阅读、思维导图、记忆等方面的书时，就会非常容易理解，阅读速度很快，吸收的也会非常多，就是因为我有相对丰富的专业知识和行业背景，但如果我看法律方面的书，不管用多少技巧，阅读速度和效率也不会特别高。

所以，在阅读前做到知己知彼，才能够做到百战百胜，才能够更好地理解书中的内容，进行高效地阅读。

阅读中：循序渐进

阅读前进行了充足的准备后，就可以进入到阅读的环节了。我简单总结了以下四个步骤，也许这里面就有大家在阅读时容易忽视的地方，所以我们来仔细学习一下。

第一步，阅读书的序言。这一步非常重要，因为一般情况下，序言会介绍书的大概内容、写作原因和背景、写作的整个过程以及作者想要表达的思想、情感等，可以说，序言就是整本书的核心精华，是整本书的高度凝练。所以，当我们看完序言的时候，就能对整本书的核心和脉络有一个总体的了解，知道作者为什么写这本书，当时的背景是什么样的以及作者想在书中表达什么样的内容。了解之后，再去阅读正文，就会游刃有余了。

第二步，阅读书的目录，这也是比较容易被忽略的一步。很多同学会直接翻到第一章开始阅读，这样阅读有什么弊端呢？那就是不能在大脑中构建出整本书的基本轮廓，属于传统的、线性的阅读。我们提倡的高效阅读是非线性的、统领全局的阅读，所以在具体看章节内容之前，要先了解整本书都有哪些内容，一共有多少章，每一章之间的关系是什么，哪些章节内容多，哪些内容少等信息，这些内容在目录里都能够提取出来。所以，通过浏览目录，能够进一步了解整体内容，并且能够大致厘清内容的结构和作者的写作思路，为阅读方式的选择提供方向。

第三步，阅读正文。根据目录梳理出来的思路，并结合自身的需求，选择"从头到尾"的顺序或是"有的放矢"的策略进行阅读。有时，很多不善于阅读的人会被"必须从头读到尾"的观念所绑架，其实并不一定要按这种方式阅读，这种"必须通读"的观念会让读书的过程变得特别痛苦，让我们变得讨厌读书。要知道，读书的目的不是"读书"，而是丰富自己想要丰富的知识，做到书为自己所用。所以，阅读前检视自己的需求，阅读序言和目录，我们就能够清楚为什么要读这本书，根据自己的需求来阅读，才能把自己作为学习的中心和阅读的中心向外寻找知识，而不是被动地接受知识，到最后自己都不知道想要的是什么。

所以，我非常推崇"有的放矢"的阅读，如果我们把所有书都变成自己的"工具书"，才是最棒的阅读体验。想学习和了解哪方面的知识内容，就找到相关的书来阅读，才能不断强化自己内在的阅读动机。

第四步，用阅读技巧阅读。我们提到过要根据书的不同体裁和不同内容选择不同的阅读技巧，因为一本书当中可能会有故事性的内容，也有可能有评论性的内容和知识性的内容。技巧是最基础、最底层的层面，为更高维度的阅读策略奠定基础，所以高效阅读不等于快速阅读，更不能等同于一目十行地浏览阅读，高效阅读是有一系列策略的。

阅读后：复看分享

很多同学觉得把一本书从头看到尾就万事大吉了，然后把书放到一边跃跃欲试地准备读下一本书。当然这种劲头是很好的，但是很多时候一本书不是只看一遍就可以理解的，大多数情况下，看完一遍，过几天就会把内容忘掉了。

所以，阅读后的第一个重点是复看，就是要把重要内容再重复看几遍。不要担心会浪费时间，因为有第一遍作为基础，阅读速度一定会更快，而且我们读书是为了理解，多花一点时间能让我们理解得更好，理解到更多的知识，是非常值得的。

第二个重点是回忆。我们可以回想一下，当看完一部电影，过后是不是会去回忆一下精彩的情节。然而看完一本书之后，却很少有同学会去主动回忆书中的内容。如果现在没有这个习惯也没关系，以后每看完一本书，都可以告诉自己，要去回忆，慢慢养成这个习惯就好了。

第三个重点是梳理。在前文中我们提到过，要在阅读后用笔记的形式进行总结，比如，我们分享过的思维导图，这种笔记工具就能非常好地帮助我们梳理和记住书中的重点内容。我自己就有过这样一个经历，大概在七八年前，我看完一本书之后，用思维导图把这本书的重点脉络和内容画了下来，然后过了半年我都没有再看这本书。半年之后，当我无意间看到这幅思维导图时，惊奇地发现，我还能很好地回忆起这本书的内容。所以，思维导图是一个能够帮助我们做读书笔记的非常好的工具。

第四个重点是沟通，就是看完一本书之后跟别人去分享，给别人讲一遍大概内容，这个过程会让我们的大脑重新构建对这本书的理解。用自己的语言去讲述出来，才有可能真正把书中的内容变成自己的内容。所以一定要讲出来，跟别人分享沟通。

使用高效阅读方法和思维导图建立个人知识体系

什么是知识体系

阅读需要被当作一件终身学习的事情，阅读的书籍越多，越会发现一些有趣的现象。我们可能会在一段时间内阅读大量同类型的书籍，就一个知识点做了大量的积累，但是这些内容起初对我们的大脑来说更像是一块块"砖头"，我们必须要知道这些"砖头"究竟是用来做什么的以及"砖头"之间的关系是什么。大家都知道，砖头是用来盖房子的，但是对于不会盖房子的人来说，即使在面前放一堆砖头，也不知道如何盖房子。这个时候我们就会发现我们需要具备盖房子的能力，也就是所说的构建知识体系。

怎样构建知识体系

知识体系的构建通常分为两个部分：积累"砖头"，即通过上课学习和阅读获取某一个知识点的大量素材；获取"盖房子的能力"，即联结的能力，包括知识之间的联结以及自己的思考。也就是说，要想构建知识体系不仅要求我们在一个知识点上积累大量的知识，更重要的是需要发现知识之间的关联性。

比如要学习几何中的圆，我们通过上课了解到圆的"周长""面积""圆周率"等知识点，这些都是"砖头"，然后进行更多地思考，找到其中的内在联系，才能更好地将这些知识用到解题中去。

为什么要构建知识体系

从脑科学的角度来说，我们的大脑通过有效联系进行学习，通过不断联结建立知识网络和知识结构，所以，学习应该是体系化的，知识的掌握也应该是体系化的。

从学习知识的角度来说，往往学习和理解一个知识点不难，但将各个知识点结合起来就有难度了。比如在考试中，一般简单题只考一个知识点，稍微有一点难度的题目，会考 2~3 个知识点，再难一点的题目，会涉及更多的知识点，考查的重点就是知识点之间的关联性，即所谓的知识结构和体系。

从终身成长的角度来说，无论我们想掌握哪一个技能或学科，无论我们想要成为哪一个行业的精英，都必须要建立相关的知识体系，否则，永远只会停留在知识的表层而无法深入。

怎样构建知识体系

如何运用高效阅读方法和思维导图两大法宝构建一个学科或一个知识点的知识体系呢？有以下五个步骤：

第一步，设定目标。

凡事预则立不预则废，在做一件事情前，我们要确定好目标，目标不能模糊不清，一定要清晰明确，而且必须是自己的目标，最重要的是这个目标要非常有价值、有意义。

比如，想要学习如何管理好自己的时间，请大家对比一下下面两个目标：

A：我想学好时间管理。

B：我希望通过学习时间管理让自己有更多的游戏时间。

不难发现，A 的目标很普通也很模糊，而 B 的目标非常清晰，具有个性化，感觉对自己有非常大的意义。

第二步，列出阅读清单。

列出一个书目的清单，也就是找出想要阅读的跟目标相关的书籍，然后预习这些清单上的所有书目，阅读书的序言和目录部分，确认是否符合阅读目标。进行一轮筛选后，要果断抛弃那些暂时不需要阅读的书目。

第三步，提炼关键信息。

如何提炼关键信息呢？可以借助九宫格进行提炼。

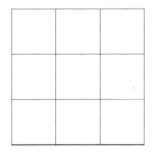

在九宫格的正中间写下一本书的核心词语，然后在周围的八个格子里分别记录八个重要的关键性信息，甚至可以把书中某一个非常重要的信息用剪刀剪下来，粘贴在上面（据说李敖先生就经常用这个方法提炼知识）。

所谓提炼，就是我们在学习的时候，去主动选择那些我们觉得有意思、重要的、有价值的部分。当我们熟练掌握这种方法之后，就会发现，一篇文章或者一个大的章节，即使有成千上万字，对我们而言可能只有其中的一句话、一个小的片段是至关重要的，这其实就足够了。

第四步，联结相关知识。

这是建立知识体系至关重要的一步。联结就是将新吸收的知识与已知的知识或者经验相关联，这也是我们经常说的"用熟悉的来学习陌生的"原则。当我们阅读文章并且从里面提炼出想要的信息时，我们会发现，提炼不是最重要的，最重要的是在提炼知识、找"砖头"的过程中，和我们自己产生关联，最终内化为自己的知识。

所以，在阅读时，不必过于追求阅读量和阅读速度，而是要思考如何把书中的内容学会，如何能够从书中找到自己熟悉的内容，对我们的大脑来说，建立联结是至关重要的。

第五步，深度整合知识。

这里就会用到思维导图了，通过前面四个步骤，我们其实已经积累了不少的"九宫格"和思考内容了，这时候再把这些内容加工、组合和创新，最后结合思维导图输出出来就可以了。

我们需要准备白纸和彩笔，首先将"目标"变成中心图画在正中间的位置，这是为了时刻提醒我们这个知识体系是围绕什么内容展开的，而不只是简简单单地归纳总结。通过这个方式，也可以删除那些和目标没有关联的内容。

然后结合思维导图的绘制技巧，一步一步将积累的"九宫格"信息完善在思维导图上。在这个步骤中，需要不断地进行思考和整合、归纳和总结，这样一个新的知识体系就逐渐诞生了。

把时间管理起来
如何利用好碎片时间？

第七章

更高、更快、更强的阅读

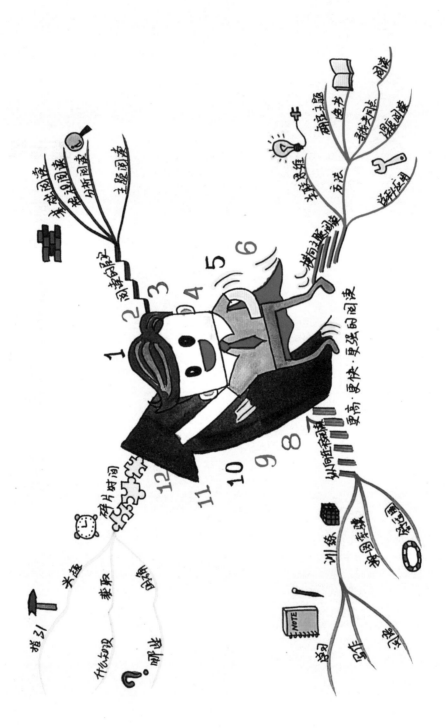

站在更高的维度进行阅读

一般情况下，阅读的规则是：努力得越多，效果就越好。而且我们绝大多数人在阅读时，通常是没有人在旁边协助的，所以阅读更像是一种非辅助的自我发现学习，只有当我们能够站在更高的维度进行阅读时，才可能真正读懂，真正学习到知识。

那么，在学习阅读技巧和策略的同时，我们一定要了解一下阅读的不同层次。通常有四个层次的阅读，分别是基础阅读、检视阅读、分析阅读和主题阅读。

阅读的各个层次是渐进的，高一级的层次包含了低一级的层次，也就是说，第一个层次的阅读并没有在第二个层次的阅读中消失，第二层包含在第三层中，第三层又包含在第四层中。

基础阅读

第一个层次的阅读，我们称之为基础阅读，也可以叫作初级阅读、基本阅读等。一个人只要能够熟练地在这个层次阅读，就说明他摆脱了文盲的状态，或者至少已经开始认字了。

在我们初学阅读的时候，首先接触的就是这个层次的阅读，我们需要学习如何识读书中的文字。也就是说，在这个层次的阅读状态下，我们关心的是这句话是什么，而不会关心这句话是什么意思。

在这个层次的阅读中，我们更多的是需要处理那些不认识、不知道什么意思的字，因为只有完全明白每一个字的意思，我们才能试着去了解，努力去体会这些字到底要表达的是什么。

检视阅读

第二个层次的阅读，我们称之为检视阅读。在这个层次的阅读中，要经常给自己设定一些时间目标，比如要求自己在 15 分钟内读完多少字，或者用几天的时间读完几本书等，这个层次的阅读非常强调时间概念。

也可以理解为，如果想在一定时间内，抓出一本书的重点，就要从表面去观察这本书，学习到书的表象教给我们的一切。如果说第一层次的阅读涉及的问题是"这个句子在说什么"，那么这个层次涉及的非常典型的问题则是"这本书在谈论什么"，或者"这本书的架构如何""这本书包含哪些部分"。

所以，用检视阅读读完一本书之后，我们都应该回答得出这样的问题："这是哪一类书""这本书在讲什么"。

那么，怎样培养检视阅读的能力呢？下面给大家一些检视阅读的建议：

第一步，看书的封面。通常一本书的封面会有大量的宣传文案，虽然会有些夸张，却是对书中内容最大化的提炼，有助于我们对一本书有一个基本的了解。

第二步，看书名和序言。这里要注意的是，要很快地看过去，要特别注意作者写这本书的立意，最重要的是，通过这个步骤，要了解这本书的主题。

第三步，研究目录页。这一步可以帮助我们对整本书的基本架构有一个概括性的理解，这就好像在旅行前看地图一样。

通过这三个步骤，可以对一本书有一个基本的了解，更重要的是，可以帮助我们判断是否要更仔细地阅读这本书。

接下来可以根据对目录的了解，从模糊的印象中挑选几个跟主题相关的章节来看。

最后一步，就是把书随意翻到某一页，读一两段，或者一两页。可以用这样的方法把全书的大部分内容翻阅一遍。

这样就系统化地完成检视阅读了。如果想要更深入地了解这本书，可以重新规划时间，去深度阅读，挖掘更深的内容。

分析阅读

第三个层次的阅读，我们称之为分析阅读，比起前面的两个阅读层次，要更加复杂，更加系统化。分析阅读就是全盘阅读、完整地阅读，如果检视阅读是在规定时间内进行最优质的阅读，那么分析阅读就是在无限时间里进行最优质的阅读。

分析阅读是特别需要理解的，所以，如果我们的阅读目标只是获得一些信息，就完全没有必要用到分析阅读。就像弗朗西斯·培根曾说过："有些书可以浅尝辄止，有些书是要生吞活剥，只有少数的书是要咀嚼和消化的。"分析阅读就是要咀嚼和消化一本书。

在使用分析阅读时需要注意以下几个原则：

1. 依照一本书的种类与主题进行分类。

2. 用最简短的句子说出整本书在谈论什么。

3. 按照顺序和关系，列出全书的重要部分，列出各部分的纲要。

4. 试图找出作者在问的问题，或作者想要解决的问题。

当我们完成了这四项之后，就完成了分析阅读的第一个阶段，接下来就可以带着这些分析、问题进入文章的深度阅读了。

 阅读百宝箱

分析阅读规则表

使用方式：（1）填写图书的名称、全部的章数以及要在什么时间内完成阅读等基本信息；（2）在阶段目标中填写每一个阶段需要完成的阅读章数和截止时间。

表 7-1　如何开展分析阅读

书名：			起止日期：	
类别	小说类□	论述类□	说明类□	其他类别□
章数			阶段目标	
一句话说明本书谈论的内容				
本书纲要				
本书要解决什么问题				

主题阅读

第四个层次，也是最高层次的阅读，我们称之为主题阅读，也可以称作比较阅读或者对比阅读。这是所有阅读中最为复杂也最具系统化的阅读。

在做主题阅读时，阅读者需要读很多书，并且找到这些书之间相互关联的地方，找到这些书都在谈论的一个主题或内容。主题阅读是所有阅读中最能取得收获的阅读方式，这种阅读策略可以让我们快速掌握一个领域内的知识，迅速变成一个领域或者学科的专家。

因为主题阅读是阅读的最终目标，所以我们在后面会用一整节内容来进行分析。

横向思维主题阅读

所谓主题阅读，就是把多本书或者多个内容相互关联起来进行阅读。通过主题阅读，可以把我们的知识变得"立体化"。

据我观察，大多数同学都是一本一本地看书，然后一本一本地去消化理解。这样当然也是不错的，但是如果想要快速地吸收某一主题的内容，这样阅读就显得笨拙了，效率没有那么高。

我们经常听说有的人会好几种语言，仔细思考一下，很多语言其实是有相通的地方的，只要精通一种，学习其他与之相关的语言就相对容易一些。如果知识网络构建得足够完整和清晰，就会更快。阅读也是同样的道理，我们可以通过阅读同类型、同主题、同时代、同作者的书籍，快速掌握某一方面的知识。

当然，这种阅读策略不是一蹴而就的，需要一定的能力作为基础。什么能力呢？比较、分析和判断的能力。也就是说，当我们想要迅速了解某一方面的知识时，首先需要做的是分辨和选择出哪些书是可以帮助到我们的，这就需要我们具有良好的关联性思维以及找到事物内在关联性的能力。这种能力也可以通过一些小训练得，下面我们举一些例子，大家平时可以多加练习。

关联性思维练习

请看下面两组词语，找一找每组词语之间有哪些关联性。

第一组：草莓、圣女果、樱桃、西瓜、火龙果。

大家可以快速思考一下这组词语之间的关联性，我想大多数同学的答案是"这些都是水果"，没错，还有没有其他答案呢？有没有更细致一些的关联性呢？请大家用5秒钟的时间再仔细思考一下。

公布答案，这些都是红色的水果。有同学想到这个答案吗？或者是否有其他的答案呢？

第二组：铅笔、黑板、篮球、老师、作业。

这一组稍微有点难度，有没有同学已经有答案了呢？请大家用5秒钟的时间，想一想这些词语都跟什么有关系。

公布答案，这组词语都跟学校有关系，都会在学校里出现。当然，有的同学会有其他答案，只要找到关联性就可以，没有绝对统一的答案。

除了词语之外，还可以列举一些人物，或者具体的实物，找找看有什么关联性。大家平时可以多做一些这样的练习，对我们大脑神经联结的建立和巩固都非常有帮助。

接下来我们看一下如何用横向主题的阅读策略去快速增加知识储备。下面以"高效阅读"为中心主题，分享一下如何轻松建立跟高效阅读有关的知识体系。

第一步，选择相关书籍。既然中心主题是"高效阅读"，那么我们就可以列出几个关键词：效率、速度、速读法、高效阅读等，然后根据这些关键词去搜索和选择一些书籍。建议大家第一次选择4~5本即可，不必太多，比如可以选择《如何高效阅读》《高效能阅读》《洋葱阅读法》和《高效阅读》这几本书，都是跟阅读效能、效率有关的书籍。

第二步，将这些书放到面前，去阅读所有书的目录。通过这一步可以快速梳理出每本书的主体脉络结构，对每本书都有一个大致的了解，更重要的是，通过这样的方式能够抓取到每本书的共同点。可以把这些共同点标注出来，这些共同点极有可能是"高效阅读"这个主题中最核心、最重要的内容，这样，仅仅通过阅读目录，就可以抓住该主题的重点。

比如《洋葱阅读法》的第五章"机械师：主题阅读"和《高效能阅读》的第五章"加快理解的类比读书技巧"，这两部分内容都跟"主题阅读"这个概念相关，那么在阅读时就可以把这两个章节进行类比阅读。再比如，在《高效阅读》中提到"共振阅读法"这个概念，讲的是明确阅读的目的，同样，在《如何高效阅读》中也讲到了"带着明确的目的阅读"，那么这两部分内容就可以放到一起去理解。经过对比，就能了解到高效阅读中一个很重要的观点就是要带着目的阅读，或者说带着问题去阅读。

第三步，采用我们之前讲到的高效阅读技巧去阅读每本书。这里阅读的是标注出来的相同内容，也就是要先阅读相同性质的内容。这样在阅读的过程中，我们的大脑就会自动分辨出几位作者的侧重点和对内容不同的理解，帮助我们从不同的角度去理解"高效阅读"这个概念，相当于一下吸收了几位作者的思想精华，不至于仅仅通过一本书去了解，固化我们的思维。

第四步，阅读完相同点之后，我们就对"高效阅读"的重点内容有了一定的理解，这个时候可以重新回到目录，根据已经建立的知识网络，结合自己的经验，去标注自己感兴趣的内容，然后到正文中去阅读。通过这个过程，会进一步编织我们大脑里的"高效阅读"知识体系，让这个知识架构更加紧密和丰富。

第五步，读完感兴趣的部分之后，再去阅读书中其他的内容。在阅读过程中需要格外注意的是，要去找关联，找出每本书之间的关联，找出现在阅读的内容跟之前看到的重要的、感兴趣的内容之间的关联。总结一句话就是，阅读时一定要记得不断地把新读的内容跟已知的内容建立关联。

第五步完成后，我们就完成了第一个阅读循环。我阅读这几本书大概花费了一天的时间，通过一天的时间，我建立了一个关于"高效阅读"主题的知识网，那么当我以后再想了解跟"高效阅读"相关的信息时，就能很容易地理解了。当然，在阅读完之后，最重要的是总结和分享，通过总结、分享去强化记忆，强化知识网络里的联系。

主题阅读思维的学科应用

除了阅读之外，横向主题的思维模式还可以应用在平时的学习中，比如古诗的记忆和理解。我们经常会把古诗按类别、题材进行比较，来分析相同类型的古诗，不同作者写起来有什么相同的地方，又有什么不同的地方，这样就比一首诗一首诗地学起来效率更高、理解更好，学习的效果自然就更好。

可以将同时代的作者放到一起去比较分析，例如，在唐朝时期，最著名的两位诗人是李白和杜甫，大家都会背他们的诗以及他们的名号等，也能理解每首诗是什么意思，但是有没有想过他们的诗有什么不同呢？如果有不同，是哪里不同，为什么不同呢？这就需要去对比、分析，找到横向的关联性。

最直观的感受是，李白的诗比较大气、豪迈、洒脱，比如"长风破浪会有时，直挂云帆济沧海""两岸青山相对出，孤帆一片日边来""人生得意须尽欢，莫使金樽空对月"，有一种"我就是我，不一样的烟火"的感觉；而杜甫的诗句里都是悲伤、惨淡、忧愁之感，比如"出师未捷身先死，长使英雄泪满襟""国破山河在，城春草木深"，就好像"一个个大写的不开心，宝宝有小情绪了"。为什么呢？其中一个很重要的原因是，李白出生于盛唐时期，可以说是中国古代最辉煌的时期之一，经济、人文、教育等各个方面都达到了鼎盛，而杜甫生活在唐朝由盛到衰

的转折时期，一生坎坷，终不得志，所以两个人作品风格的不同，很大程度上是受到了客观环境的影响。

扩展来说，学习就是一个找关联的过程，是我们本能的一种行为，比如一个一二岁的孩子，有一天认识钟表了，就会在各种书里、电视画面里找到钟表，然后跟家里的进行对比，说它们是一样的。其实这个过程就是在构建知识网络，是我们大脑最基本、最熟悉的学习过程，也是我们应该采用的最本质的学习方法。

纵向思维迁移阅读

"纵向思维迁移阅读"中有两个关键词，一个是纵向，一个是迁移。简单来说，"纵向"就是垂直向一个方向深度挖掘，比如我们可以由手机联想到苹果，由苹果联想到乔布斯，由乔布斯联想到创造力等。而"迁移"指的是在纵向挖掘的过程中，不是无意义的、随便的挖掘，而是找到其内在的关联性，进行一种有关联的挖掘。从整体来看，纵向思维的每一步都是有回忆线索的。

想要知道纵向迁移对阅读或者学习有哪些帮助，我们先来了解一个概念，叫作"舒适区"。简单来说，舒适区是指人们在大多数情况下都愿意去做自己喜欢或者擅长的事情，愿意待在自己熟悉的地方，习惯性地阅读自己擅长领域的书籍。在"舒适区"里，每个人都会觉得舒服、放松、稳定，最重要的是自己有足够的能力去掌控整个事情，非常有安全感。但是，换个角度去想，如果一个人长期沉溺在自己的舒适区里，会怎么样呢？很多词语都可以描述，比如不思进取、故步自封，懒惰、松散、保守……长期待在舒适区里的人会感受不到压力，没有改变的欲望，自然不会付出很多努力。所以，在我们成长的过程中，一定要不断地去突破自己，走出自己的舒适区。

书是最简单的"奢侈品"，阅读是最容易改变和突破自己的手段，古今中外有无数的人通过阅读让自己变得不同，让自己得到想要的东西，让自己变得更加富足。我相信这些"无数的人"一定不仅仅只看自己擅长的书，一直停留在自己的"阅读舒适区"里。比如天才儿童作家蒋方舟，她在很多场合里提到过自己的一种阅读的习惯，她把这种习惯称为"按图索骥"。在她的少女时代，非常喜欢日本作家村上春树，当她知道村上春树喜欢美国小说家菲茨杰拉德时，就去读菲茨杰拉德的书，读过之后，用她自己的话来说，就好像打开了另外一个世界。她因此又读了很多其他美国作家的书，比如海明威、欧亨利等。从这里我们能感受到，蒋方舟口中的"按图索骥"，就是纵向迁移阅读的一种，她把"作家"作为阅读的一条迁移路线，把村上春树、菲茨杰拉德、海明威、欧亨利连到了一起，不断地扩大自己的"阅读舒适区"。可以说，这种阅读策略是帮助我们跳出舒适区最简单、最轻松的方法，因为我们每次阅读到的新内容，都跟舒适区里面的内容有比较大的关系，是一点一点地在扩大舒适区。

我自己也是一样，这 10 年来一直在做全脑教育方面的工作和研究。直到我的孩子出生，我突然感觉到这个世界上最难的工作其实是做父母，没有岗前培训，没有过往的经验可以借鉴，完全从零开始。突然有一天，一位老师跟我们分享了"高效能教师"的课程，因为是公司的安排，我不得不学习怎么做一个高效能老师。但当我从这位老师口中得知，不仅有高效能教师，还有"高效能父母"的课程（**PET**）时，我仿佛捡到了一根救命稻草，马上阅读了"高效能父母"相关的书，并且报了相关的课程。阅读和上课的效果非常好，我觉得命运给我打开了另外一扇大门，于是我开始"按图索骥"，看了很多 0 ~ 6 岁的养育法则，看了劳伦斯·科恩博士的著作《游戏力》，又去读了海灵格的《洞悉孩子的灵魂》。我也在亲子教育领域不断纵向迁移阅读，不断丰富自己的知识，扩大自己的"阅读舒适区"。

怎样才能做到纵向迁移阅读呢？跟横向主题阅读一样，首先需要做一些基础的脑力训练，让自己习惯这种思维方式。接下来给大家分享几个小技巧。

词语迁移训练

一个简单的方法是词语迁移。比如先说出一个词语"天才"，然由"天才"联想下一个词语。有的同学可能会想到"聪明"，那么由聪明又能想到什么呢？再比如"学习"，可以从"学习"想到"成绩"，想到"奖励"，想到"开心"，等等。大家还可以以自己为起点，设立一个终结点，比如说出一位特别喜欢的明星，然后进行纵向的深度挖掘，看看需要多少个人物关系能结识这位明星。

写作中的迁移训练

我们在写作文时也可以用到这种思维方式。比如老师布置了一篇作文，题目是《春天》，那么我们就可以由春天想到柳树，然后想到枝芽、柳絮、种子、生命，如果这篇作文最后能上升到生命这样一个高度，立意一定很好。

学习中的迁移阅读

《桃花源记》是语文课本中的一篇课文，描写的是一个武陵的渔人因为一次误打误撞，来到了一个世外桃源，看到了里面的人物和景色，实际上是借此表达作者追求美好生活的理想和对当时现实生活的不满。

很多同学没有很深入地学习和阅读相关资料，对课文的理解不够透彻，对作者创作的背景也不了解，仅停留在了解大概意思的层面上，把上面这句话背下来，考试的时候就听天由命了。

那么，如何通过纵向阅读的思维方式更好地理解这篇课文呢？这篇课文的作者是陶渊明，我们首先要了解一下作者的生平和经历。通过查阅资料我们知道他的父亲去世比较早，家庭非常贫穷，但是他并没有因此沉沦下去，相反他很有志气，立志一定要创立一番事业。到了中年，他走入仕途，正准备要大展宏图的时候，运气不太好，王朝腐败，导致他郁郁不得志，便归隐山林。后来刘裕废晋恭帝为零陵王，激起他极大的情绪，于是就创作了《桃花源记》这篇文章，来抨击当时的政治和时局。

我们"按图索骥"一下，从《桃花源记》挖掘到作者陶渊明的人物背景和当时的历史背景。在这个过程中，通过阅读和学习，我们掌握了更丰富的信息和知识，也让作者的形象在我们心中更加立体、饱满。虽然没有去读陶渊明的传记，但是，也通过一个点，纵向深入挖掘，获取了很多知识，并且将知识连接了起来。

其实在平时的学习中，纵向迁移阅读的思维方式可以更多地用在语文课文的学习上，就像我们分析的《桃花源记》一样，各位同学不妨用这个思路去实践一下，也许就会发现不一样的世界。

利用碎片时间阅读

什么是碎片时间

通常情况下，碎片时间是指那些没有安排任何工作、未被计划的非主体时间，比如主体工作之余，下一阶段工作开始之前的时间，乘坐交通工具的时间，午休时间……这些时间比较零散、短小，往往被人们忽视，认为用这些时间做不出什么事情来，但是又客观存在。

其实在碎片时间里我们可以做很多喜欢的事情。如果每天都能够把这些时间合理地利用起来，也是一段不短的时间。我们对待碎片时间的态度，就如同处理细节问题一样，是能否成功的关键因素，因为细节决定成败。

明确自己的碎片时间有哪些

在正式利用这些碎片时间之前，每个人应该先看一下自己每天到底有哪些时间段是碎片化的。当然，这是非常个性化的，每个人都不太一样。

首先必须要觉察到自己是有零碎时间的，千万不要先入为主地觉得自己每天特别忙，一定没有碎片时间，然后要确认一下这些碎片时间可以用来做什么。以阅读为例，我们需要来确定一下碎片时间可以用来读什么。比如，从哈尔滨坐飞机到北京，在飞机上的时间是两个小时左右，要想一下根据自己的阅读能力，这两个小时可以用来读什么样的一本书，这样就可以提前做好规划和准备。一旦制订了这个计划，就不会去看一些无聊的东西，或者倒头就睡，而是有了一个非常明确的方向。

对同学们来说也是一样，先想一下每天的碎片时间都有哪些，每个时间段都有多长时间，每个时间段可以用来读什么内容，提前做好规划，就不会觉得时间不够用了。

 阅读百宝箱

表7-2 如何使用碎片时间

碎片时间段	可支配时间	用来阅读什么内容
例如：每天的课间休息	每个课间可支配 5 分钟	每个课间阅读《西游记》的一页

在碎片时间里从哪里获取知识

在这里有一点必须要明确，就是手机并不是一个"魔鬼"，手机是非常好的学习、阅读工具，通过手机我们可以更加有效地利用碎片时间进行短时阅读，但是前提是要有一些固定和熟悉的"知识源泉"。我的手机上会下载一些可以听的 APP，比如樊登读书、喜马拉雅，还会关注一些公众号，比如"多知网""简书福利社""人民日报"等，这些公众号上经常会有我感兴趣的内容。

当然，对于各位同学来说，使用手机会有一些不便，但是我觉得，只要父母了解到我们使用手机的目的是学习，他们是不会阻拦的。

除了手机之外，阅读书籍也是一个在碎片时间里获取知识非常好的方式，但是需要提前做好规划。

兴趣才是最好的老师

无论如何，兴趣是最好的老师。碎片时间本来就比较短，在利用碎片时间时就需要更加专注，而只有对内容非常感兴趣时，才会更加专注。此外，在利用碎片时间进行学习时，我们也可以尝试去解决自己的疑问，比如学习中遇到的很难的问题。

总而言之，如果我们能够有目的、有计划地利用好碎片时间，那么我们的效率就会得到非常大的提高，每天会过得非常充实和饱满，还会收获到幸福感。

第八章

高效阅读能力养成计划

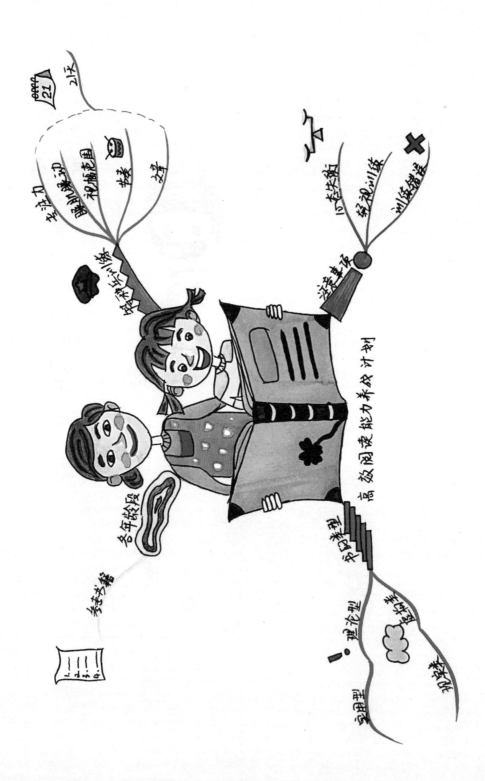

阅读"特种兵"的超级训练

在前面七章中，我们逐一讲解了高效阅读的必备要素和能力、高效阅读前需要做的准备以及如何使用工具提高阅读效率、如何在学科中应用高效阅读的技巧等内容。无论使用哪种阅读策略，想要实现高效率阅读，都需要以基础能力为保障，而所有的基础能力都是需要通过坚持不懈的训练得以提高的。

在本章的第一个部分，就给大家带来"特种兵"的基础训练。这部分训练是整个高效阅读最基础、最重要的内容，一共包括五大训练方向，分别是专注力训练、眼肌眼动训练、视幅范围训练、阅读节奏训练和文

章阅读训练。

"特种兵"训练一共持续 21 天，每天需要 20 分钟左右的时间。做好准备，让我们来迎接 21 天的阅读"特种兵"挑战吧！

高效阅读 "特种兵" 基础训练 第一天

专注力训练	固点凝视训练 2 分钟	完成	未完成
	手写数字训练 1 ~ 100	完成	未完成
	舒尔特表训练 3 组	完成	未完成
眼肌眼动训练	横向之字形训练 1 分钟	完成	未完成
	纵向之字形训练 1 分钟	完成	未完成
	横向八字形训练 1 分钟	完成	未完成
	纵向八字形训练 1 分钟	完成	未完成
视幅范围训练	扩大的矩形训练 1 分钟	完成	未完成
	舒尔特方格训练 1 分钟	完成	未完成
	文字矩阵训练 4 组（四格）	完成	未完成
阅读节奏训练	符号节奏训练 2 分钟	完成	未完成
	数字节奏训练 2 分钟	完成	未完成
文章阅读训练	阅读文章：	文章字数：	
	阅读速度：　　　　字/分		
	阅读效率：　　　　字/分		

高效阅读 "特种兵" 基础训练 第二天

专注力训练	固点凝视训练 2 分钟	完成	未完成
	手写数字训练 1 ~ 100	完成	未完成
	舒尔特表训练 3 组	完成	未完成
眼肌眼动训练	横向之字形训练 1 分钟	完成	未完成
	纵向之字形训练 1 分钟	完成	未完成
	横向八字形训练 1 分钟	完成	未完成
	纵向八字形训练 1 分钟	完成	未完成

（续）

	扩大的矩形训练 1 分钟	完成	未完成
视幅范围训练	舒尔特方格训练 1 分钟	完成	未完成
	文字矩阵训练 4 组（四格）	完成	未完成
阅读节奏训练	符号节奏训练 2 分钟	完成	未完成
	数字节奏训练 2 分钟	完成	未完成
文章阅读训练	阅读文章	文章字数：	
	阅读速度： 字/分		
	阅读效率： 字/分		

高效阅读 "特种兵" 基础训练 第三天

	固点凝视训练 2 分钟	完成	未完成
专注力训练	手写数字训练 1～100	完成	未完成
	舒尔特表训练 3 组	完成	未完成
眼肌眼动训练	横向之字形训练 1 分钟	完成	未完成
	纵向之字形训练 1 分钟	完成	未完成
	横向八字形训练 1 分钟	完成	未完成
	纵向八字形训练 1 分钟	完成	未完成
视幅范围训练	扩大的矩形训练 1 分钟	完成	未完成
	舒尔特方格训练 1 分钟	完成	未完成
	文字矩阵训练 4 组（四格）	完成	未完成
阅读节奏训练	符号节奏训练 2 分钟	完成	未完成
	数字节奏训练 2 分钟	完成	未完成
文章阅读训练	阅读文章：	文章字数：	
	阅读速度： 字/分		
	阅读效率： 字/分		

高效阅读 "特种兵" 基础训练 第四天

专注力训练	固点凝视训练 3 分钟	完成	未完成
	手写数字训练 1 ~ 100	完成	未完成
	舒尔特表训练 2 组	完成	未完成
眼肌眼动训练	横向之字形训练 1 分钟	完成	未完成
	纵向之字形训练 1 分钟	完成	未完成
	横向八字形训练 1 分钟	完成	未完成
	纵向八字形训练 1 分钟	完成	未完成
视幅范围训练	扩大的矩形训练 1 分钟	完成	未完成
	舒尔特方格训练 1 分钟	完成	未完成
	文字矩阵训练 4 组（四格）	完成	未完成
阅读节奏训练	符号节奏训练 2 分钟	完成	未完成
	数字节奏训练 2 分钟	完成	未完成
文章阅读训练	阅读文章：	文章字数：	
	阅读速度：　　　　字/分		
	阅读效率：　　　　字/分		

高效阅读 "特种兵" 基础训练 第五天

专注力训练	固点凝视训练 3 分钟	完成	未完成
	手写数字训练 1 ~ 100	完成	未完成
	舒尔特表训练 2 组	完成	未完成
眼肌眼动训练	横向之字形训练 1 分钟	完成	未完成
	纵向之字形训练 1 分钟	完成	未完成
	横向八字形训练 1 分钟	完成	未完成
	纵向八字形训练 1 分钟	完成	未完成
视幅范围训练	扩大的矩形训练 1 分钟	完成	未完成
	舒尔特方格训练 1 分钟	完成	未完成
	文字矩阵训练 4 组（四格）	完成	未完成

（续）

阅读节奏训练	符号节奏训练 2 分钟	完成	未完成
	数字节奏训练 2 分钟	完成	未完成
文章阅读训练	阅读文章：	文章字数：	
	阅读速度： 字/分		
	阅读效率： 字/分		

高效阅读 "特种兵" 基础训练 第六天

专注力训练	固点凝视训练 3 分钟	完成	未完成
	手写数字训练 1～100	完成	未完成
	舒尔特表训练 2 组	完成	未完成
眼肌眼动训练	横向之字形训练 1 分钟	完成	未完成
	纵向之字形训练 1 分钟	完成	未完成
	横向八字形训练 1 分钟	完成	未完成
	纵向八字形训练 1 分钟	完成	未完成
视幅范围训练	扩大的矩形训练 1 分钟	完成	未完成
	舒尔特方格训练 1 分钟	完成	未完成
	文字矩阵训练 4 组（四格）	完成	未完成
阅读节奏训练	符号节奏训练 2 分钟	完成	未完成
	数字节奏训练 2 分钟	完成	未完成
文章阅读训练	阅读文章：	文章字数：	
	阅读速度： 字/分		
	阅读效率： 字/分		

高效阅读 "特种兵" 基础训练 第七天

专注力训练	数字转移训练 2 分钟	完成	未完成
	手写数字训练 1～200	完成	未完成
	舒尔特表训练 2 组	完成	未完成

（续）

	横向之字形训练 1 分钟	完成	未完成
眼肌眼动训练	纵向之字形训练 1 分钟	完成	未完成
	横向八字形训练 1 分钟	完成	未完成
	纵向八字形训练 1 分钟	完成	未完成
视幅范围训练	扩大的矩形训练 1 分钟	完成	未完成
	舒尔特方格训练 1 分钟	完成	未完成
	文字矩阵训练 4 组（四格）	完成	未完成
阅读节奏训练	符号节奏训练 2 分钟	完成	未完成
	数字节奏训练 2 分钟	完成	未完成
文章阅读训练	阅读文章：	文章字数：	
	阅读速度：　　　字/分		
	阅读效率：　　　字/分		

高效阅读 "特种兵" 基础训练　第八天

	数字转移训练 2 分钟	完成	未完成
专注力训练	手写数字训练 1～200	完成	未完成
	舒尔特表训练 2 组	完成	未完成
眼肌眼动训练	横向之字形训练 1 分钟	完成	未完成
	纵向之字形训练 1 分钟	完成	未完成
	横向八字形训练 1 分钟	完成	未完成
	纵向八字形训练 1 分钟	完成	未完成
视幅范围训练	扩大的矩形训练 1 分钟	完成	未完成
	舒尔特方格训练 1 分钟	完成	未完成
	文字矩阵训练 4 组（九格）	完成	未完成
阅读节奏训练	数字节奏训练 1 分钟	完成	未完成
	一目多字训练 2 分钟	完成	未完成

（续）

文章阅读训练	阅读文章：		文章字数：	
	阅读速度：	字/分		
	阅读效率：	字/分		

高效阅读 "特种兵" 基础训练 第九天

专注力训练	数字转移训练 2 分钟	完成	未完成
	手写数字训练 1 ~ 200	完成	未完成
	舒尔特表训练 2 组	完成	未完成
眼肌眼动训练	横向之字形训练 1 分钟	完成	未完成
	纵向之字形训练 1 分钟	完成	未完成
	横向八字形训练 1 分钟	完成	未完成
	纵向八字形训练 1 分钟	完成	未完成
视幅范围训练	扩大的矩形训练 1 分钟	完成	未完成
	舒尔特方格训练 1 分钟	完成	未完成
	文字矩阵训练 4 组（九格）	完成	未完成
阅读节奏训练	数字节奏训练 1 分钟	完成	未完成
	一目多字训练 2 分钟	完成	未完成
文章阅读训练	阅读文章：		文章字数：
	阅读速度： 字/分		
	阅读效率： 字/分		

高效阅读 "特种兵" 基础训练 第十天

专注力训练	数字转移训练 3 分钟	完成	未完成
	手写数字训练 1 ~ 200	完成	未完成
	舒尔特表训练 2 组	完成	未完成
眼肌眼动训练	横向之字形训练 1 分钟	完成	未完成
	纵向之字形训练 1 分钟	完成	未完成
	横向八字形训练 1 分钟	完成	未完成
	纵向八字形训练 1 分钟	完成	未完成

（续）

视幅范围训练	扩大的矩形训练 1 分钟	完成	未完成
	舒尔特方格训练 1 分钟	完成	未完成
	文字矩阵训练 4 组（九格）	完成	未完成
阅读节奏训练	数字节奏训练 1 分钟	完成	未完成
	一目多字训练 2 分钟	完成	未完成
文章阅读训练	阅读文章：	文章字数：	
	阅读速度：　　　　字/分		
	阅读效率：　　　　字/分		

高效阅读 "特种兵" 基础训练　第十一天

专注力训练	数字转移训练 3 分钟	完成	未完成
	手写数字训练 1 ~ 200	完成	未完成
	舒尔特表训练 2 组	完成	未完成
眼肌眼动训练	横向之字形训练 1 分钟	完成	未完成
	纵向之字形训练 1 分钟	完成	未完成
	横向八字形训练 1 分钟	完成	未完成
	纵向八字形训练 1 分钟	完成	未完成
视幅范围训练	扩大的矩形训练 1 分钟	完成	未完成
	舒尔特方格训练 1 分钟	完成	未完成
	文字矩阵训练 4 组（九格）	完成	未完成
阅读节奏训练	数字节奏训练 1 分钟	完成	未完成
	一目多字训练 2 分钟	完成	未完成
文章阅读训练	阅读文章：	文章字数：	
	阅读速度：　　　　字/分		
	阅读效率：　　　　字/分		

高效阅读 "特种兵" 基础训练　第十二天

专注力训练	数字转移训练 3 分钟	完成	未完成
	手写数字训练 1～200	完成	未完成
	舒尔特表训练 2 组	完成	未完成
眼肌眼动训练	横向之字形训练 1 分钟	完成	未完成
	纵向之字形训练 1 分钟	完成	未完成
	横向八字形训练 1 分钟	完成	未完成
	纵向八字形训练 1 分钟	完成	未完成
视幅范围训练	扩大的矩形训练 1 分钟	完成	未完成
	舒尔特方格训练 1 分钟	完成	未完成
	文字矩阵训练 4 组（九格）	完成	未完成
阅读节奏训练	数字节奏训练 1 分钟	完成	未完成
	一目多字训练 2 分钟	完成	未完成
文章阅读训练	阅读文章：	文章字数：	
	阅读速度：　　　　字/分		
	阅读效率：　　　　字/分		

高效阅读 "特种兵" 基础训练　第十三天

专注力训练	数字划消训练 1 组	完成	未完成
	手写数字训练 1～300	完成	未完成
	舒尔特表训练 2 组	完成	未完成
眼肌眼动训练	横向之字形训练 1 分钟	完成	未完成
	纵向之字形训练 1 分钟	完成	未完成
	横向八字形训练 1 分钟	完成	未完成
	纵向八字形训练 1 分钟	完成	未完成
视幅范围训练	扩大的矩形训练 1 分钟	完成	未完成
	舒尔特方格训练 1 分钟	完成	未完成
	文字矩阵训练 4 组（九格）	完成	未完成

（续）

阅读节奏训练	数字节奏训练 1 分钟	完成	未完成
	一目多字训练 2 分钟	完成	未完成
文章阅读训练	阅读文章：	文章字数：	
	阅读速度：　　　　字/分		
	阅读效率：　　　　字/分		

高效阅读 "特种兵" 基础训练　第十四天

专注力训练	数字划消训练 1 组	完成	未完成
	手写数字训练 1~300	完成	未完成
	舒尔特表训练 2 组	完成	未完成
眼肌眼动训练	横向之字形训练 1 分钟	完成	未完成
	纵向之字形训练 1 分钟	完成	未完成
	横向八字形训练 1 分钟	完成	未完成
	纵向八字形训练 1 分钟	完成	未完成
视幅范围训练	扩大的矩形训练 1 分钟	完成	未完成
	舒尔特方格训练 1 分钟	完成	未完成
	文字矩阵训练 4 组（九格）	完成	未完成
阅读节奏训练	数字节奏训练 1 分钟	完成	未完成
	一目多字训练 2 分钟	完成	未完成
文章阅读训练	阅读文章：	文章字数：	
	阅读速度：　　　　字/分		
	阅读效率：　　　　字/分		

高效阅读 "特种兵" 基础训练　第十五天

专注力训练	数字划消训练 1 组	完成	未完成
	手写数字训练 1~300	完成	未完成
	舒尔特表训练 2 组	完成	未完成

（续）

眼肌眼动训练	横向之字形训练 1 分钟	完成	未完成
	纵向之字形训练 1 分钟	完成	未完成
	横向八字形训练 1 分钟	完成	未完成
	纵向八字形训练 1 分钟	完成	未完成
视幅范围训练	扩大的矩形训练 1 分钟	完成	未完成
	舒尔特方格训练 1 分钟	完成	未完成
	文字矩阵训练 2 组（16 格）	完成	未完成
阅读节奏训练	数字节奏训练 1 分钟	完成	未完成
	一目多字训练 2 分钟	完成	未完成
文章阅读训练	阅读文章：	文章字数：	
	阅读速度：　　　　字/分		
	阅读效率：　　　　字/分		

高效阅读 "特种兵" 基础训练 第十六天

专注力训练	数字划消训练 1 组	完成	未完成
	手写数字训练 1～300	完成	未完成
	舒尔特表训练 2 组	完成	未完成
眼肌眼动训练	横向之字形训练 1 分钟	完成	未完成
	纵向之字形训练 1 分钟	完成	未完成
	横向八字形训练 1 分钟	完成	未完成
	纵向八字形训练 1 分钟	完成	未完成
视幅范围训练	扩大的矩形训练 1 分钟	完成	未完成
	舒尔特方格训练 1 分钟	完成	未完成
	文字矩阵训练 4 组（16 格）	完成	未完成
阅读节奏训练	数字节奏训练 1 分钟	完成	未完成
	一目多字训练 2 分钟	完成	未完成
文章阅读训练	阅读文章：	文章字数：	
	阅读速度：　　　　字/分		
	阅读效率：　　　　字/分		

高效阅读 "特种兵" 基础训练 第十七天

专注力训练	数字划消训练 1 组	完成	未完成
	手写数字训练 1 ~ 300	完成	未完成
	舒尔特表训练 2 组	完成	未完成
眼肌眼动训练	横向之字形训练 1 分钟	完成	未完成
	纵向之字形训练 1 分钟	完成	未完成
	横向八字形训练 1 分钟	完成	未完成
	纵向八字形训练 1 分钟	完成	未完成
视幅范围训练	扩大的矩形训练 1 分钟	完成	未完成
	舒尔特方格训练 1 分钟	完成	未完成
	文字矩阵训练 4 组（16 格）	完成	未完成
阅读节奏训练	数字节奏训练 1 分钟	完成	未完成
	一目多字训练 2 分钟	完成	未完成
文章阅读训练	阅读文章：	文章字数：	
	阅读速度： 字/分		
	阅读效率： 字/分		

高效阅读 "特种兵" 基础训练 第十八天

专注力训练	数字划消训练 1 组	完成	未完成
	手写数字训练 1 ~ 300	完成	未完成
	舒尔特表训练 2 组	完成	未完成
眼肌眼动训练	横向之字形训练 1 分钟	完成	未完成
	纵向之字形训练 1 分钟	完成	未完成
	横向八字形训练 1 分钟	完成	未完成
	纵向八字形训练 1 分钟	完成	未完成

（续）

	扩大的矩形训练 1 分钟	完成	未完成
视幅范围训练	舒尔特方格训练 1 分钟	完成	未完成
	文字矩阵训练 4 组（16 格）	完成	未完成
阅读节奏训练	数字节奏训练 1 分钟	完成	未完成
	一目多字训练 2 分钟	完成	未完成
文章阅读训练	阅读文章： 文章字数：		
	阅读速度： 字/分		
	阅读效率： 字/分		

高效阅读 "特种兵" 基础训练 第十九天

	数字划消训练 1 组	完成	未完成
专注力训练	手写数字训练 1 ~ 300	完成	未完成
	舒尔特表训练 2 组	完成	未完成
	横向之字形训练 1 分钟	完成	未完成
眼肌眼动训练	纵向之字形训练 1 分钟	完成	未完成
	横向八字形训练 1 分钟	完成	未完成
	纵向八字形训练 1 分钟	完成	未完成
	扩大的矩形训练 1 分钟	完成	未完成
视幅范围训练	舒尔特方格训练 1 分钟	完成	未完成
	文字矩阵训练 4 组（16 格）	完成	未完成
阅读节奏训练	数字节奏训练 1 分钟	完成	未完成
	一目多字训练 2 分钟	完成	未完成
文章阅读训练	阅读文章： 文章字数：		
	阅读速度： 字/分		
	阅读效率： 字/分		

高效阅读 "特种兵" 基础训练 第二十天

专注力训练	数字划消训练 1 组	完成	未完成
	手写数字训练 1~300	完成	未完成
	舒尔特表训练 2 组	完成	未完成
眼肌眼动训练	横向之字形训练 1 分钟	完成	未完成
	纵向之字形训练 1 分钟	完成	未完成
	横向八字形训练 1 分钟	完成	未完成
	纵向八字形训练 1 分钟	完成	未完成
视幅范围训练	扩大的矩形训练 1 分钟	完成	未完成
	舒尔特方格训练 1 分钟	完成	未完成
	文字矩阵训练 4 组（16 格）	完成	未完成
阅读节奏训练	数字节奏训练 1 分钟	完成	未完成
	一目多字训练 2 分钟	完成	未完成
文章阅读训练	阅读文章：	文章字数：	
	阅读速度： 字/分		
	阅读效率： 字/分		

高效阅读 "特种兵" 基础训练 第二十一天

专注力训练	数字划消训练 1 组	完成	未完成
	手写数字训练 1~300	完成	未完成
	舒尔特表训练 2 组	完成	未完成
眼肌眼动训练	横向之字形训练 1 分钟	完成	未完成
	纵向之字形训练 1 分钟	完成	未完成
	横向八字形训练 1 分钟	完成	未完成
	纵向八字形训练 1 分钟	完成	未完成
视幅范围训练	扩大的矩形训练 1 分钟	完成	未完成
	舒尔特方格训练 1 分钟	完成	未完成
	文字矩阵训练 4 组（16 格）	完成	未完成

（续）

阅读节奏训练	数字节奏训练 1 分钟	完成	未完成
	一目多字训练 2 分钟	完成	未完成
文章阅读训练	阅读文章：	文章字数：	
	阅读速度：　　　　　字/分		
	阅读效率：　　　　　字/分		

高效阅读训练中的注意事项

在进行高效阅读基础训练的过程中，大家经常会出现一些疑问，下面就跟大家分享几个训练中的注意事项，以免大家犯同样的错误。

第一，不能心态失衡。

有很多同学急于求成，急于看到效果，希望训练可以立竿见影，自己的阅读速度能一下子突飞猛进，摇身一变成为"阅读达人"。梦想是好的，但现实却很"骨感"，任何训练都要长期坚持才能有所成就，绝对不是一朝一夕的事情，所以，大家一定要调整好心态，做好准备。

当然，这并不意味着训练就没有乐趣，特别枯燥。我为大家提供的训练大多数都是可以量化的，也就是说，大家能够看到自己一点一滴的变化，而且可以从这点点滴滴的变化中看到自己的付出与进步。所以，在训练中把关注点多放在变化上，更加容易坚持下去。

第二，不要轻视训练。

有的同学会觉得某些训练没有意义、"性价比"太低，对阅读没有什么实际的影响，然后就选择放弃不做，这是非常糟糕的选择。这些基础训练是在各种训练中提炼出来的精华，每一项对我们的阅读能力都起着至关重要的作用，而且它们之间是环环相扣、相辅相成的。所以，要想得到好的结果，每一个训练都必须要完成。

第三，避免错误的训练。

在训练过程中，有时候大家会出现一些错误，导致训练结果受到影响，集中出现在以下五个训练中：

1. 在眼肌眼动训练中不注意眼睛和训练内容的距离。比较合适的距离大约在 30 厘米左右，不能过远，也不能过近。

2. 在眼肌眼动训练中，训练内容的位置偏上或偏下。不仅仅这个训练，所有这类训练都要保证双目平视，将训练内容放在眼睛的正前方。

3. 在视幅范围训练中眼睛跟着移动。我们要知道，视幅范围训练就是要不断扩大我们的余光区，所以在训练中要尽量让眼睛自然、放松，不能左右或上下移动，只有这样才能够保证训练的有效性。

4. 在阅读节奏训练中过快或过慢。在阅读节奏训练中，尤其是一目多字的训练，眼跳的节奏一定要尽可能地快一点，因为太慢会让大脑放松，出现读文字和注意力不集中的情况，但是也不能太快，让眼睛"疲于奔命"，这样会造成压力，得不到好的训练效果。

5．在阅读文章的训练中误以为"高效阅读"就是"跳读或略读"。有的同学在看文章时，希望能够将阅读速度提高得快一点，而忽略了有节奏地阅读，采用扫读或者略读的方式。这种现象非常不好，会让我们养成不好的习惯。所以，在阅读文章时，无论当下的阅读速度如何，都要按照规律性的节奏进行高效阅读，千万不要贪图一时的速度。

如何选择适合自己的书

大家都知道阅读非常重要，而且在未来会越来越重要，那么到底哪些是适合我们读的书呢？首先我们要确定的是，在正常状态下，我们都需要阅读适合自己的书，而且通常要选择阅读"一般难度"的书；其次，我们要能够大致知道，对于学生来说，适合阅读的书都有哪些类型。

书的类型

在知识爆炸的时代，构建知识体系最重要的途径就是阅读，通过阅读可以快速获取大量的知识。如果想在较短时间内通过阅读来构建自己的知识体系，懂得如何将自己所阅读的书籍进行归类就非常重要。学校教育会有课程的划分，语文、数学、历史、物理、化学等，每一门课程都有一个知识体系，如果想构建历史学科的知识体系，阅读的却是化学方面的书籍，不说全无益处，也至少是牛头不对马嘴。当然，如果是构建化学史的知识体系又另当别论。书的类型跟知识体系密切相关，甚至可以说，书的类型某种程度上是根据知识体系结构进行划分的，懂得书的分类对构建知识体系有很大的帮助。面对不同类型的书，阅读方法也不一样，因此，一定要学会给书分类。

比如，从内容是否虚构的角度，可以把书分为"虚构类书籍"和"非虚构类书籍"。虚构类书籍包括童话、神话故事、小说等；非虚构类书籍包括历史、科普科学、文学作品等等。当然，这只是粗浅的划分，在阅读一本书之前，大家起码应当有一个简单的分类。

另外，我们还可以将书分为"理论性书籍"和"实用性书籍"。实用性书籍主要讲述"如何去做"，任何一本讲述该做什么或如何去做的书都是实用性书籍，比如实用手册、指南类书籍等；伦理道德的书籍基本都是想告诉读者该做什么，或该对什么事有什么反应，也是实用书籍；政治、工程、商业、经济、法律、医学的书，许多也是实用类书籍。理论性书籍主要讲述"是什么"的问题，重在传播知识，任何分析讨论的书都是理论型书籍。按照传统的分类，理论性书籍主要包括历史、科学和哲学等类别的书籍。更重要的和更有难度的，是对理论性书籍做出更细的划分和更精确的区隔。

当然，不同年龄段所需要读的书都不太一样，接下来给大家简单分享一下各个年级的同学可以参考的阅读书目有哪些。

小学 1~2 年级参考阅读书目

书　目	作　者	领　域
《蝴蝶·豌豆花》	冰心，叶圣陶等	经典童诗
《稻草人》	叶圣陶	童话集
《没头脑和不高兴》	任溶溶	童话
《小猪唏哩呼噜》	孙幼军	童话集
《猜猜我有多爱你》	［爱尔兰］山姆·麦克布雷尼	图画书
《我想去看海》	［法］克利斯提昂·约里波瓦	图画书
《濒临危机的动物》	法国伽利玛少儿出版社	科普图书
《在人体中浏览》	［美］乔安娜·柯尔	科普图书
《小布头奇遇记》	孙幼军	长篇童话
《调皮的日子》	秦文君	故事
《舒克和贝塔历险记》	郑渊洁	童话故事
《戴小桥和他的哥们儿》	梅子涵	故事
亲爱的笨笨猪系列	杨红樱	故事
《泡泡儿去旅行》	薛涛	故事
《大个子老鼠小个子猫》	周锐	童话故事
《小布头新奇遇记》	孙幼军	童话故事
小香咕系列	秦文君	故事
李拉尔的故事系列	梅子涵	故事集
《三毛流浪记》	张乐平	故事
《格林童话》	［德］格林兄弟	童话
《万花筒》	［英］依列娜·法吉恩	童话集

（续）

书　目	作　者	领　域
《豪夫童话》	［德］威廉·豪夫	童话
《爱丽丝漫游奇境》	［英］刘易斯·卡罗尔	童话
《狐狸列那的故事》	［法］M. H. 吉罗夫人	童话
《小熊温尼·菩》	［英］米尔恩	童话
《小飞侠彼得·潘》	［英］詹姆斯·巴里	童话故事
《豆蔻镇的居民和强盗》	［挪威］托比扬·埃格纳	故事
《鹅妈妈的故事》	［法］夏尔·佩罗	故事
《洋葱头历险记》	［意］贾尼·罗大里	故事
《窗边的小豆豆》	［日］黑柳彻子	故事
《淘气包埃米尔》	［瑞典］林格伦	故事
《假话国历险记》	［意］贾尼·罗大里	童话故事
《随风而来的玛丽阿姨》	［英］帕林·特拉芙斯	故事
《丁丁历险记》	［比］埃尔热	故事
《雅诺什绘本王国·亲子书》	［德］雅诺什	故事
《米切尔·恩德童话绘本》	［德］米切尔·恩德	童话
《了不起的狐狸爸爸》	［英］罗尔德·达尔	童话
《电话里的童话》	［意］贾尼·罗大里	童话
狮子历险记系列	［德］马克斯·克鲁塞	童话
《火鞋与风鞋》	［德］乌苏拉·韦尔芙尔	童话
《淘气包谢得意》	［法］洛德，果范	童话
《小学生迪克比》	［比利时］齐德鲁	童话
《为什么动物会有尾巴》	孙博文主编	童话
《精灵鼠小弟》	［美］怀特	童话

小学 3~4 年级参考阅读书目

书　目	作　者	领　域
《长袜子皮皮》	[瑞典] 阿斯特丽德·林格伦	童话
《亲爱的汉修先生》	[美] 贝芙莉·克莱瑞	童话
《奇妙的数王国》	李毓佩	科普图书
《让孩子着迷的 77 × 2 个经典科学游戏》	[日] 后藤道夫	数学类
《林汉达中国历史故事集》	林汉达	历史故事
《大林和小林》	张天翼	故事
《严文井童话》	严文井	童话
《高士其科普童话》	高士其	童话
陈伯吹童话专集	陈伯吹	童话
金近童话精品集	金近	童话
《叶圣陶专集》	叶圣陶	童话
《小坡的生日》	老舍	童话
《长生塔》	巴金	童话
管家琪幽默童话系列	管家琪	童话集
《鲁西西传》	郑渊洁	童话
《幽默三国精选》	周锐	幽默文学
《魔法学校》	葛竞	童话
《李大米和他的影子》	张之路	童话
《三个小宠物》	肖定丽	故事
《魔塔》	彭懿	故事
《中国兔子德国草》	周锐，周双宁	故事
《五·三班的坏小子》	杨红樱	故事

（续）

书　目	作　者	领　域
《小老虎历险记》	汤素兰	故事
《鼹鼠的月亮河》	王一梅	故事
《两个小洛特》	［德］埃里希·凯斯特纳	童话故事
《苦儿流浪记》	［法］埃克多·马洛	童话
《当世界年纪还小的时候》	［德］于尔克·舒比格	故事
《小勋爵》	［美］弗朗西斯·霍奇森·伯内特	故事
《时代广场的蟋蟀》	［美］乔治·塞尔登	故事
《鲁滨孙漂流记》	［英］丹尼尔·笛福	故事
《吹牛大王历险记》	［德］埃·拉斯伯　戈·毕尔格	故事
《水孩子》	［英］查尔斯·金斯利	童话
《车的颜色是天空的颜色》	［日］阿万纪美子	科幻类
《魔法师的帽子》	［芬］托芙·扬松	童话
《狼孩历险记》	［英］约瑟夫·鲁德亚德·吉卜林	童话
《哈默林的花衣吹笛人》	［英］罗伯特·勃朗宁	儿童诗集
《木偶奇遇记》	［意］卡洛·科洛迪	童话
《格列佛游记》	［英］乔纳森·斯威夫特	童话
《风的旱冰鞋》	［日］安房直子	童话
《莫吐儿传奇》	［俄］肖洛姆·阿莱汉姆	故事
《秘密花园》	［美］弗朗西丝·霍奇森·伯内特	故事

（续）

书 目	作 者	领 域
《卓娅和舒拉的故事》	［苏联］柳·科斯莫杰米扬斯卡娅	故事
《五个孩子和一个怪物》	［英］内斯比特	童话
《椋鸠十动物小说爱藏本》	［日］椋鸠十	动物故事
埃里希·凯斯特纳作品典藏系列	［德］埃里希·凯斯特纳	故事
《笨狼的故事》	汤素兰	童话
《不老泉》	［美］娜塔莉·巴比特	故事
《查理和巧克力工厂》	［英］罗尔德·达尔	童话
《长袜子皮皮》	［瑞典］林格伦	童话
《春雨的悄悄话》	樊发稼	故事
《弹子袋》	［法］约瑟夫·若福	童话
《借东西的小人》	［英］玛丽·诺顿	童话
《马列耶夫在学校和家里》	［苏联］诺索夫	故事
《美丽眼睛看世界》	桂文亚	故事
《男生贾里孤女俱乐部》	秦文君	故事
《尼尔斯骑鹅旅行记》	［瑞典］塞尔玛·拉格洛芙	童话
《七个老鼠兄弟》	徐鲁	童话
《双把儿铁锅卡琦娅》	［德］赫尔姆特·萨克夫斯基	童话
《桃花源的故事》	［日］松居直/文，蔡皋/绘	故事
《淘气包马小跳系列》	杨红樱	童话
《铁路边的孩子们》	［英］伊迪斯·内斯比特	故事
《铁丝网上的小花》	［意］克里斯托夫·格莱兹	故事

（续）

书 目	作 者	领 域
《我的宠物是恐龙》	［美］奥利弗·巴特沃司	童话
《小灵通漫游未来》	叶永烈	童话
小淘气尼古拉的故事系列	［法］勒内·戈西尼/文 ［法］让－雅克·桑贝/图	故事
小香咕新传系列	秦文君	故事

小学 5~6 年级参考阅读书目

书 目	作 者	领 域
《城南旧事》	林海音	短篇小说集
《我的妈妈是精灵》	陈丹燕	幻想小说
《夏洛的网》	［美］E·B·怀特	童话
《地心游记》	［法］儒勒·凡尔纳	科幻小说
《孔子的故事》	李长之	传记文学
《少年音乐和美术故事》	丰子恺	故事
《象母怨》	沈石溪	小说
《女儿的故事》	梅子涵	小说
《蓝鲸的眼睛》	冰波	童话
《琵琶甲虫》	高洪波	童话
《羚羊木雕》	张之路	童话
《哭泣的巧克力强盗》	张秋生/著，严玉明/绘	童话
《小狼请客》	孙幼军	童话
《红雨伞，红木屐》	彭懿	故事
《双人茶座》	梅子涵	故事

（续）

书　目	作　者	领　域
《第十一根红布条》	曹文轩	童话
《蟋蟀也吃兴奋剂》	张之路	童话
《我要做好孩子》	黄蓓佳	故事
《e班e女孩》	张弘	故事
《非法智慧》	张之路	科幻小说
《女生日记》	杨红缨	校园小说
《快乐王子》	［英］奥斯卡·王尔德	童话
《希腊神话与传说》	［德］古斯塔夫·施瓦布	神话故事
《王子与贫儿》	［美］马克·吐温	童话
《蓝熊船长的13条半命》	［德］瓦尔特·莫尔斯	童话
《时间机器与隐身人》	［英］H. G. 威尔斯	科幻小说
《屋顶上的小孩》	［美］奥黛莉·克伦毕斯	童话
《西顿野生动物故事集》	［加］E. T. 西顿	动物故事
《好兵帅克》	［捷］哈谢克	故事
《汤姆·索亚历险记》	［美］马克·吐温	童话
《蓝色的海豚岛》	［美］斯·奥台尔	童话
《假如给我三天光明》	［美］海伦·凯勒	故事
《海蒂》	［瑞士］约翰娜·斯比丽	故事
《盲音乐家》	［俄］柯罗连科	故事
《毛毛：时间窃贼和一个小女孩的不可思议的故事》	［德］米切尔·恩德	故事
《魔戒》	［英］J. R. R. 托尔金	魔幻作品
怪医杜立特系列丛书	［美］洛夫廷	故事

（续）

书　目	作　者	领　域
《最后的莫希干人》	［美］库珀	故事
《莎士比亚戏剧故事集》	［英］查尔斯·兰姆，玛丽·兰姆	故事
《西雅图酋长的宣言》	［美］西雅图酋长/文 ［美］杰弗斯/图	故事
《班长下台》	桂文亚	故事
《大熊猫传奇》	刘先平	童话
《地海巫师》	［美］厄休拉·勒古恩	童话
《风之王》	［美］玛格莉特·亨利	童话
哈利·波特系列	［英］J．K．罗琳	神话故事
《狼獾河》	黑鹤	童话
《狼王梦》	沈石溪	童话
尼姆的老鼠系列	［美］罗伯特·奥布赖恩	童话
《女水手日记》	［美］艾非	童话
《诺贝尔奖获得者与儿童对话》	［德］贝蒂娜·施蒂克尔 编	童话
《桥下一家人》	［美］纳塔莉·萨维奇·卡尔森	童话
《少年噶玛兰》	李潼	童话
《少女的红发卡》	程玮	童话
《天使雕像》	［美］E．L．柯尼斯伯格	童话
《万物简史（少儿彩绘版）》	［美］比尔·布莱森	科普图书
《想念梅姨》	［美］辛西娅·赖伦特	故事
《橡树上的逃亡》	［法］蒂莫泰·德·丰拜勒	童话

（续）

书 目	作 者	领 域
《小河男孩》	［英］蒂姆·鲍勒	故事
《陈土的六根头发》	常新港	故事
《银顶针的夏天》	［美］伊丽莎白·恩赖特	故事
《印第安人的麂皮靴》	［美］莎伦·克里奇	童话
《有老鼠牌铅笔吗》	张之路	童话
《造梦的雨果》	［美］布莱恩·塞兹尼克	故事
《腰门》	彭学军	故事
《绿山墙的安妮》	［加］露西·蒙哥马利	故事

初中生参考阅读书目

书 目	作 者	领 域
《西游记》	吴承恩	古典文学
《水浒传》	施耐庵	古典文学
《三国演义》	罗贯中	古典文学
《水浒传》	曹雪芹	古典文学
《唐诗三百首》	蘅塘退士 编	唐诗
《宋词选》	胡云翼 选注	宋词
《阿 Q 正传》	鲁迅	小说
《科学的历程》	吴国盛	科学
《数理化通俗演义》	梁衡	科学
《红岩》	罗广斌，杨益言	小说
《安徒生童话全集》	安徒生	童话
《童年》	［苏］高尔基	小说

（续）

书　目	作　者	领　域
《格兰特船长的儿女》	［法］儒勒·凡尔纳	小说
《爱的教育》	［意］德·亚米契斯	日记体小说
《青春之歌》	杨沫	长篇小说
《骆驼祥子》	老舍	小说
《钢铁是怎样炼成的》	［苏］奥斯特洛夫斯基	长篇小说
《福尔摩斯探案集》	［英］柯南·道尔	推理
《居里夫人传》	［法］玛丽·居里	社科
《家》	巴金	小说
《牛虻》	［爱尔兰］伏尼契	小说
《高老头》	［法］巴尔扎克	小说

高中生参考阅读书目

书　目	作　者	领　域
《论语》	孔子	国学经典
《红楼梦》	曹雪芹	古典文学
《呐喊》	鲁迅	小说
《女神》	郭沫若	诗集
《子夜》	茅盾	长篇小说
《家》	巴金	小说
《雷雨》	曹禺	戏剧
《围城》	钱钟书	小说
《谈美书简》	朱光潜	美学著作
《哈姆莱特》	［英］莎士比亚	剧本

（续）

书 目	作 者	领 域
《堂吉诃德》	［西班牙］塞万提斯	长篇小说
《歌德谈话录》	［德］爱克曼	经典名著
《巴黎圣母院》	［法］雨果	长篇小说
《欧也妮·葛朗台》	［法］巴尔扎克	小说
《匹克威克外传》	［英］狄更斯	小说
《复活》	［俄］列夫·托尔斯泰	小说
《普希金诗选》	［俄］普希金	诗集
《老人与海》	［美］海明威	小说
《泰戈尔诗选》	［印］泰戈尔	诗集
《矛盾论》《实践论》	毛泽东	高中哲学
《希腊神话和传说》	［德］古斯塔夫·施瓦布	神话故事
《科学发现纵横谈》	王梓坤	科普、百科
《悲惨世界》	［法］雨果	长篇小说
《简·爱》	［英］夏洛蒂·勃朗特	自传体小说
《傅雷家书》	傅雷	教育
《共产党宣言》	［德］马克思，恩格斯	政治
《从鸦片战争到五四运动》	胡绳	历史
《培根随笔》	［英］弗朗西斯·培根	随笔

参考文献

［1］高桥政史. 聪明人用方格笔记本［M］. 长沙：湖南文艺出版社，2016.

［2］郑珍好. 视觉思维［M］. 北京：中国铁道出版社，2016.

［3］渡边康弘. 高效阅读［M］. 北京：北京联合出版公司，2017.

［4］姬广亮. 给孩子的8堂思维导图课［M］. 北京：机械工业出版社，2018.

［5］彭小六. 洋葱阅读法［M］. 北京：北京联合出版公司，2018.